1. 漢・馬王堆一號墓帛畫，絲織品，上寬
   92×下寬48×長205公分，湖南省博物
   館藏。
2. 南朝・〈竹林七賢與榮啓期〉，磚印壁
   畫，244×88公分，南京博物院藏。

3. 元·陳及之，〈便橋會盟圖卷〉，紙本，白描，36×774公分，1321年，北京故宮藏。
4. 宋摹本·〈虢國夫人遊春圖〉，絹本，設色，52×148公分，907年，遼寧博物館藏。

5
―
6

5. 北宋・張擇端，〈清明
上河圖〉，絹本，設
色，25×528公分，北
京故宮藏。

6. 明・余士、吳鉞，〈徐
顯卿宦跡圖・瓊林登
第〉，絹本，設色，62
×59公分，1588年，北
京故宮藏。

7. 明‧利瑪竇，〈坤輿萬國全圖〉，152×366公分，1602年，美國明尼蘇達大學圖書館藏。
8. 法‧布雪，〈中國花園〉（The Chinese Garden），油彩，41×48公分，1742年，法國里昂布雜美術館藏。

9. 英・威廉亞歷山大，《中國服飾》（The Costume of China），彩色版畫，1805年，英國倫敦出版。

10. 清・《點石齋畫報》，〈興辦鐵路〉，石印本，1887年。

11. 清·六十七編，《番社采風圖》，〈舂米圖〉，套色刊刻，1744-1747年，中央研究院史語所藏。

12. 法蘭德斯·雅各布，〈金蘋果的爭執〉（Golden Apple of Discord），油彩，181 × 288公分，1633年。

13. 法蘭德斯‧魯本斯，〈帕里斯
    的裁判〉（The Judgement of
    Paris），油彩，145 ×194公
    分，1632年，英國倫敦國家畫
    廊藏。
14. 法‧里戈，〈路易十四畫像〉
    （Portrait de Louis XIV），
    油彩，277 ×194公分，1701
    年，法國羅浮宮藏。

「一幅畫所說的話，何止千言萬語」
——德國文學家 庫爾特·塔柯爾斯基

連啟元 著

圖像中的
權力、藝術與文化

五南圖書出版公司 印行

序

　　視覺（visual）是人類認識世界的主要方式之一，隨著歷史學視野的擴大，除了傳統的檔案文獻以外，近年來逐漸強調視覺的圖像資料的重要性，同時也逐漸重視圖像對於傳達歷史知識的功能。傳統歷史研究著重於文字的文本（text），而圖像是另一種歷史的遺留資料，同時也記錄著歷史的發展軌跡，是解讀歷史的重要證據之一。從圖像的視覺表現中，不僅能看到過去的影像，更能通過對圖像的進行解讀，探索背後潛藏著的政治、歷史、文化的訊息。德國文學家庫爾特・塔柯爾斯基（Kurt Tucholsky，1890-1935）說過：「一幅畫所說的話，何止千言萬語。」因此圖像所指涉的各種知識，其重要性不言而喻。然而，圖像所表現的形象背後，可能並存著歷史真實與想像虛構，因此需要以嚴謹的考證態度，逐一抽絲剝繭。

　　在通識教育課程的革新理念裡，以視覺圖像（visual image）作為的輔助教學，是一種易於引起興趣的教學方式。1988年美國史家懷特（Hayden White）首創「historiophoty」一詞，臺灣學界則翻譯成「影視史學」，並將「影視」範疇擴大，即「影像視覺」，凡是任何圖像符號，不論靜態的或動態的，都歸屬此一範圍。由此可知，無論靜態的或動態的圖像、符號，都代表著傳達人們對於過去的認知，所以藉由探討、分析圖像、符號的文本，都是研究當時歷史思維與知識的重要途徑之一。

　　美國教育學者戴爾（Edgar Dale）於1969年提出：學習金字塔理論（Cone of Experience），將學習分為被動的學習與主動的學習。經驗金字塔共有10層，包括各種教學方法和媒體，越下層代表獲得經驗越為具體，越上層則越趨於抽象，亦即從直接學習、圖像學習，到符號學習的歷程。其中藉由圖像、影像等動態資訊，然後進行討論等的學習留存

效果，是僅次於直接實作的經驗獲得。

　　透過圖像的觀看，將圖像放入歷史脈絡，從文化、政治、物質的層面，進行多元的考察。同時，了解圖像創作的背後過程，藝術家、贊助者和觀看者的愛好，以及預期圖像會發生何種作用等，更能完整理解一幅圖像所代表的整體意涵。英國史家彼得‧伯克（Peter Burke）認為，任何的工藝品、畫像、雕塑、電影、電視、平面廣告等的視覺材料，都代表著歷史與文化意涵，而圖像的本身並非只是分析的資料，更重要的是如何利用圖像來解讀歷史，並且避免在解讀過程所遭遇陷阱與危險。同時從圖像之中，探尋隱沒在圖像背後的各種歷史訊息。

　　雖然，圖像不能讓我們直接進入過去社會的世界裡，卻能讓我們理解當時的人如何看待那個世界。然而，在觀看的過程之中，如何採取較為客觀的他者（other）角度，進行圖像的理解與詮釋，避免流於過度主觀的意識，則是觀看圖像時所必須思考的問題。

　　本課程與主題的設計，是始於2012年的通識課程規劃，主要是藉由圖像作為理解歷史的文本與途徑，進而探討傳統政治、社會、文化等發展脈絡，與當時社會文化與價值背後的多重意涵。課程內容從開始規劃之初，隨課程設計與環境議題、個人喜好等因素，或多有增減、變動，最後選出比較具有代表的12講次內容，編寫成教材，藉此延伸對各種圖像議題的思考與探索。希望經由課程的授課與圖像觀看過程，討論圖像的觀點、主題與形式，思考圖像與歷史研究的各種可能，不僅能學習到審美的感知，並期望建立尊重多元文化的態度，培養思考、批判的精神。

CONTENTS
目　錄

第一章
漢代帛畫的生死世界

　　生死，是人類最終極的問題，也是從古到今不斷探索的課題。傳統社會如何建構與想像死後的世界，可以從漢代長沙馬王堆的出土帛畫加以探究，所出土的長沙國丞相軑侯利蒼的夫人之墓，所出土的帛畫內容，反映出傳統社會對於生死的理解，以及宇宙的認知。從帛畫內容呈現的天、地、人的宇宙三界觀，理解天界或仙界，地界或地府的形象，以及墓主對現世生活的依戀等，進而討論修眞成仙、死後冥界的各種敘述。之後，受到佛教傳入影響，地府的概念如何轉變成爲地獄審判、輪迴投胎，探討從「陰間」與「地獄」的概念，兩者之間的演變與歷史發展。

一、帛畫內容與漢代社會文化

　　1972-1974年間，在湖南長沙湘江的東側馬王堆，發掘出三座漢墓，依據考古研究，墓主分別爲：一號墓主爲軑侯夫人辛追，二號墓主爲長沙國相軑侯利蒼，三號墓主爲軑侯之子利豨。

　　利蒼（?-前186）是西漢初年長沙國相，即初代軑侯，其中出土於1972年的馬王堆一號墓，即爲軑侯夫人辛追之墓，當時出土的屍體保存頗爲完整，全身潤澤，皮下組織柔軟而富彈性。主要是利用了木炭、水泥等物質，以及四層套棺、外槨密封等方式，讓槨內空氣完全乾燥隔絕、滴水不滲，進而達到恆溫、恆濕的效果。同時，覆蓋在棺木上的帛畫，更反映出當時漢代社會對於死後世界的寄託與想像。

　　馬王堆一號墓的帛畫，長205公分，上部寬92公分，下部寬47.7公分，絲織品，現藏湖南省博物館。依據帛畫的尺幅和形制，稱爲「非衣」，或稱爲「T型帛畫」，是出葬時做爲靈車前導的儀仗：「銘旌」，

帛畫呈現了墓主寄託引魂升天的想像畫面；但也有研究認為，帛畫的功能是用以佑護靈魂，使死者入土為安，得以安息。帛畫圖像主要是表示死者身分地位，整幅帛畫反映出漢代南方楚國的風俗文化，其色彩豐富，圖像內容大致可分為三個部分：天上、人間、地下。

1. **帛畫的上段部分**：主要是描繪仙界的場景，有象徵「日」的金烏、象徵「月」的蟾蜍、星辰，以及仙界的夔龍、鳥禽、神獸、仙人等。特別是畫面中央的人首蛇身像，表現出女媧的形象，女媧是上古時代的神話，傳說的神話很多，最具代表性則是「搏土造人」、「煉石補天」。

搏土造人，是指女媧以泥土捏塑成人形，並賦予生命，《太平御覽》記載：「俗說天地開闢，未有人民，女媧搏黃土作人，劇務，力不暇供，乃引繩絚於泥中，舉以為人。」一般而言，女媧被視為人類始祖，因此帛畫將其位列於天界最高、最中央的位置，表達出其創造人類的神聖地位。東漢時期思想家王充（27-97）在《論衡》提到：「共工與顓頊爭為天子，不勝，怒而觸不周之山，使天柱折，地維絕。女媧消煉五色石以補蒼天，斷鰲之足，以立四極。」也就是說傳說上古有共工、顓頊兩位神人的爭執，撞斷了支撐天地之間的柱子：不周山，天地幾乎崩壞，於是女媧煉五色石以補天，又斷大鰲之足，設立四極，天地因此而平和穩定，所以女媧又被視為是古代帝王的象徵。

女媧煉石補天的傳說，也流傳至後世，部分地區還有「天穿日」的習俗，唐代詩人盧仝（795-835）的詩有：「攜鍊五色石，引日月之針，五星之縷把天補。」至明代，更有祭祀女媧的天穿日習俗，明代詩人楊慎《詞品》：「宋以前，正月二十三日為天穿日，言女媧氏以是日補天，俗以煎餅置屋上，名曰補天穿，今其俗廢久。」顯然宋代以前，還有祭祀天穿日的習俗，而將煎餅置屋頂上，稱為「補天穿」，此後習俗漸廢。不過，到了清代影響後世最廣泛，應該是《紅樓夢》第1回所提到，女媧為了補天，煉了三萬六千五百零一塊石頭，用盡三

萬六千五百個，剩下最後一個未用，於是隨神瑛侍者入世，幻化爲賈
寶玉降世時口銜的美玉：通靈寶玉。即使到了近代，臺灣客家人將農
曆正月二十日視爲「天穿日」，進而有祭祀活動。

關於人首蛇身的形象，另有一說認爲是「燭龍」、「燭陰」，因爲
《山海經・大荒北經》記載：「（章尾山）有神，人面蛇身而赤，直
目正乘，其瞑乃晦，其視乃明，不食不寢不息，風雨是謁。」而在
《山海經・海外北經》則是：「鍾山之神，名曰燭陰，……其爲物，
人面蛇身赤色，居鍾山下。」所代表的也可能是指太陽。

金烏，位於畫面右側，代表太陽，下方則爲扶桑樹。《山海經・海外
東經》記載：「湯谷上有扶桑，十日所浴，在黑齒北，居水中，有大
木，九日居下枝，一日居上枝。」扶桑，是早期神話中的靈地，傳說
位於遙遠東方的大海上，是由兩棵大桑樹組成，而太陽則是從扶桑樹
升起，代表東邊日出升起之意。帛畫即呈現出一隻金烏（太陽），位
於扶桑樹的正上方，另外九隻金烏，則分別位於扶桑樹的其他各處，
完全符合《山海經》的描述。而後《楚辭・天問》、《淮南子・本經
訓》都提及，在堯時期因十日並出，造成天地乾旱災荒，命令羿射十
日，成爲著名的「后羿射日」傳說。帛畫的金烏，是呈現二足的樣
貌，但在部分史料，則是以三足的形態，《春秋元命苞》稱「日中有
三足鳥」，而漢代王充《論衡・說日》也提及「日中有三足鳥，月中
有兔、蟾蜍。」所以，三足鳥就是金烏，是爲日之精，居於日之中。

蟾蜍，位於畫面左側，旁邊還有彎月的圖像，而在蟾蜍的左上方，有
一隻耳朵稍長的動物，應該是玉兔的象徵。玉兔搗藥，爲早期道教的
典故之一，後來成爲漢代民間社會的故事，依據漢代《樂府詩集》所
收錄古辭〈董逃行〉，記載：「白兔長跪搗藥蝦蟆丸。奉上陛下一玉
柈，服此藥可得神仙。」而漢代王充《論衡・說日》提及「月中有
兔、蟾蜍」，可見玉兔搗藥、月中蟾蜍等形象，是相對於金烏（三足
鳥），就已經普遍出現在漢代的民間社會。

此外，天界還有不少的靈獸、禽鳥、夔龍、仙人等形象，充滿熱鬧的場景。而下方則為天界入口，是為天門，有兩位神人的看守，相對而立，似乎在行禮、迎接墓主的到來。其中，禽鳥屬於天界使者，其形象常出現帛畫的上端；而魚類等水族，多屬於冥界或地界，常出現於帛畫的下端。

2. **帛畫的中段部分**：描繪墓主辛追生前的尊貴身分，主要是呈現辛追在兩側侍女服侍之下，接受賓客進獻的場景，以及穿著的挽髻與首飾、屋舍的華麗裝飾、僕眾隨行，而下方則有許多銅器、禮器、食器等，表現當時出行、宴饗、祭祀的活動，都顯現出辛追生前的生活尊貴場景。此外，辛追所穿著的「曲裾」，又稱為三重衣，是當時漢代常見的服飾，為交領、右衽，下襬長可曳地，行不露足，而衣領領口低，用以露出裡衣，衣領必定外露，最多可達三層以上，因此稱為「三重衣」。東漢後期至魏晉時期，女性的服飾逐漸以襦裙為主流，曲裾的樣式漸趨式微。

圖像下方則是許多銅器、禮器、食器等屋舍，屋內的眾人，可能是賓客在群聚飲宴，等待主人的到來，也有可能是在祭祀，無論如何都代表人口眾多、人丁興旺，顯示出家族殷盛的情形。屋頂上則有人首鳥身的「羽人」，兩兩相對而立，根據《山海經·海外南經》記載，羽民國「其為人長頭，身生羽。」而《楚辭·遠遊》也提及：「仍羽人於丹丘，留不死之舊鄉。」東漢的王逸在注解時，提到：「人得道，身生毛羽也。」說明了羽人的形象，就是得道成仙的仙人，因而身體能生出羽毛，手臂變為羽翼，得以自由翱翔於天地之間。所以，王充《論衡·無形》記載：「圖仙人之形，體生毛，臂變為翼，行於雲，則年增矣，千歲不死。」都反映出羽人代表著仙人、長生不老，悠遊於雲端之間的形象。

帛畫中段內容所占的整體比例較多，盡力描繪出墓主辛追生前的場景，無論是僕人簇擁、家中殷富，都表現了緬懷現世的逸樂生活，期

望死後能延續如此優渥的生活場景。

3. **帛畫的下段部分**：是描繪象徵地下世界的場景，主要有蛇、大魚、靈龜、怪獸等水族動物，以水底或海底的形象描繪，表現出漢代人心中的「水府」、「黃泉」、「九泉」的陰間世界。說明秦漢時期的社會，對於死後世界的想像，都是與水有關，故而稱為：黃泉、九泉。《左傳》魯隱公元年所記載的「鄭伯克段於鄢」，鄭莊公因怨恨母親武姜，幫助弟弟共叔段，爭奪自己的王位，待共叔段失敗自殺後，鄭莊公便對母親說：「不及黃泉，無相見也。」亦即死後才會原諒她，所以此處的「黃泉」即是死後的世界。

帛畫中有一平臺，象徵大地的平臺，用以區隔人界與地界，平臺下方由一位力士以馬步下蹲的姿勢，雙手向上托舉著。關於力士的形象，研究認為是鯀，一說為河神，《山海經・海內經》記載：「洪水滔天，鯀竊帝之息壤以堙洪水，不待帝命。帝令祝融殺鯀於羽郊。」鯀與治水有關，因此可能作為區隔人界與地界的神靈象徵。亦有研究認為，力士是禺彊，為傳說中的海神，禺彊又稱為禺強、禺京，《山海經・大荒北經》記載：「北海之渚中，有神，人面鳥身，珥兩青蛇，踐兩赤蛇，名曰禺彊。」而《列子・湯問》提及：「五山之根無所連著，常隨潮波上下往還，不得暫峙焉。……帝恐流於西極，失羣聖之居，乃命禺彊使巨鼇十五，舉首而戴之。」因土地隨波而移動，天帝命禺彊與十五巨鼇，共同舉起，並支撐土地。而帛畫的形象，大致描繪出《列子・湯問》的記載內容：

力士站在兩條交纏的大型水族動物之上，或稱為鯨、鯢，都是海上體型巨大的魚類，而鯨鯢的尾端，也有兩隻異獸。人界和地界的交處，則有兩隻靈龜在浮游，龜背上有鴟鳥站立。而此時的地下世界，或可稱為冥界、陰間，只是相對於美好的仙界，所表現出的陰暗世界，並非充滿審判、刑罰的「地獄」概念。因為「地獄」的審判概念，要等到佛教傳入中國後，才逐漸成形完備。

二、帛畫的功態與內容結構

1. **帛畫的功能作用**：關於馬王堆一號墓的帛畫功能，主要有引魂升天、佑護靈魂等兩種說法：

　　(1)**引魂升天說**：秦漢時期，認為人有魂、魄兩種生命元素，「魂」來自於天，屬於陽，死後會回歸天上；「魄」因受地，屬於陰，死後則復歸於地下。這種概念可以從《楚辭‧招魂》反映出來：「魂兮歸來，君無上天些。虎豹九關，啄害下人些。一夫九首，拔木九千些，豺狼從目，往來侁侁些。」主要是說：魂歸來吧，不要逕自上天，因為有虎、豹看守著九重天的關門，會啄傷下界的人，還有一身九頭的神獸，能拔起九千大樹，眼睛銳利似豺狼，奔馳的來往。說明了天界有仙人，居住在華麗的宮殿，而且有虎、豹、神獸的看守，一般下界的人不得隨意進入。

　　雖然，天界入口有虎、豹、神獸等看守，但秦漢時期認為仙界的華麗宮殿、衣食豐厚，則是死後嚮往的歸宿，因此當時社會充斥著追求仙術、仙山等，熱衷於求仙的風氣。而馬王堆一號墓的帛畫，天界入口處，並非是兇惡虎豹、神獸，而是兩位神人相對而立，似乎行禮、迎接墓主的到來，反映出墓主辛追，對於死後升天的渴望與想像。

　　所以，帛畫上端有懸掛的絲線，可能是用以招魂的旗幡，招魂的目的，就是要藉以引魂升天，進入天界，延續生前的美好與享樂。

　　(2)**佑護靈魂說**：地下幽冥世界，也如同人間一般，有官吏管轄，而「土伯」即主管陰間幽都的神靈。《楚辭‧招魂》也提到：「魂兮歸來，君無下此幽都些。土伯九約，其角觺觺些。敦脄血拇，逐人佅駓駓些。參目虎首，其身若牛些。」說道：魂歸來吧，不要逕自下到幽冥世界，那裡有身體九屈的土伯，頭上有尖刀銳利之角，脊背肥厚、拇指沾血，飛奔如梭。還有三隻眼睛的虎首，身體像牛壯

碩的怪獸。而顧炎武〈恭謁天壽山十三陵〉詩，也提及：「幽都蹲土伯，九關飛虎倀。」因此，土伯是陰間幽都主宰與看守者，同時還有虎首牛身等異獸，予以護衛。

2. **帛畫的畫面結構**：整體畫面結構，主要有空間關係、符號關係、祭祀關係等概念。

(1) **空間關係**：帛畫以天門、平臺，區分為天、人、地三界，也就是將生存的世界區分成三個區塊，類似宇宙三界論的概念。在畫面的呈現上，採用對稱性、平衡性的方式，例如仙人、夔龍、羽人等，都是成雙相對的對稱呈現；而帛畫上段的日、月，則是用金烏、玉蟾，作為左右平衡的表現。

(2) **符號關係**：帛畫則以日、月、夔龍，作為符號的呈現，而秦漢時期的繪畫、旗幟上，也常以日、月作為符號的表現。《周禮・春官・司常》記載：「日月為常，交龍為旗，通帛為旃，雜帛為物，……王建大常，諸侯建旗，孤卿建旃，大夫、士建物。」日、月不僅是自然界符號的表現，更是身分地位的象徵。

(3) **祭祀關係**：帛畫的工筆設色、色彩炫麗，結構嚴謹，且內容豐富多元，更反映出以墓主為畫面重心，以及祭祀者與禮器、食器等關係，與漢代社會厚葬意涵。

關於漢代社會厚葬的風氣，王符《潛夫論・浮侈篇》提到：「今京師貴戚，郡縣豪家，生不極養，死乃崇喪。或至刻金鏤玉，檽梓梗柟，良田造塋，黃壤致藏。多埋珍寶、偶人、車馬，起造大冢，廣種松柏，廬舍祠堂，務崇華侈。」表現出漢代的貴族社會，死後多以陪葬金玉、珠寶等厚葬的風俗，所以墓室務求高大華麗，以符合墓主的身分，並模仿生前建築的布局與規模。而所謂「刻金鏤玉」，即金縷衣、口含珠玉，因為漢代社會習俗相信，玉石能使身體不會腐壞，且死後要身穿用絲線連綴玉片而成的衣服，帝王用黃金絲線的稱「金縷衣」、用銀線的稱「銀縷衣」，主要是表現身分

的不同。而逝者的全身、臉面，也都塞入玉飾，其中塞入口中的，稱爲塞蟬或含蟬。

三、引魂升天與三界宇宙觀

秦漢時期，認爲人有魂、魄兩種生命元素，「魂」來自於天，屬於陽，死後會回歸天上；而「魄」來自於地，屬於陰，死後仍應復歸於地下，並埋葬獲得安息，是爲二元靈魂觀。因此，《禮記・郊特牲》認爲：「魂氣歸於天，形魄歸於地。」；《大戴禮記・曾子天圓》提及：「陽之精氣曰神，陰之精氣曰靈。」盧辯註解時認爲：「神爲魂，靈爲魄。魂魄者，陰陽之精，有生之本也。及其死也，魂氣上升於天爲神，體魄下降於地爲鬼，各反其所自出也。」而追求死後升天、成仙爲神，則是漢代重要神仙思想的依據。

漢代的神仙思想濃厚，除了馬王堆一號墓軚侯夫人辛追的帛畫表現之外，另外在「御龍帛畫」、「龍鳳仕女圖」等帛畫圖像，也反映出南方楚地的相同內容與習俗，表現出神仙思想存在於漢代上層社會的普遍性。

御龍帛畫，又稱爲人物御龍帛畫，於1973年出土於湖南長沙子彈庫一號墓，屬於戰國中期楚墓，現存於湖南省博物館。畫面以白描線條勾勒出一位男子，佩長劍，上有傘蓋，飄帶隨風擺動，下方的龍巨，首高昂，尾翹起，略呈舟形，表現出男子執轡繩馭龍，乘風而行的動感。下方有魚，龍尾則立有禽鳥，仰首向天。在戰國時期的楚辭作品之中，乘龍升天的敘述很多，屈原〈九歌〉所提到的神話人物東君，即「駕龍輈兮乘雷，載雲旗兮委蛇」，將東君的駕龍、載雲、乘雷等形象加以描寫，賦予一種浪漫而想像的成仙色彩。

龍鳳仕女圖，又稱人物龍鳳帛畫，是1949年出土於湖南長沙陳家大山的戰國楚墓。畫面施以黑墨，兼用白粉，以白描技法簡潔勾勒，女子長髮盤起，梳成垂髻，身著寬袖長袍，腰間束寬腰帶，長裙曳地，雙手合十而立，似作祝禱之狀。女子上方爲鳳鳥，雙足張開，尾部羽毛彎曲至頭頂

上，似作飛舞狀，極具動感；左側正對著蜿蜒曲折的夔龍，宛如向上盤旋。女子與鳳鳥、夔龍之間的動靜，形成鮮明對比。

因此，無論是馬王堆的辛追帛畫，或是御龍帛畫、龍鳳仕女圖，都寓意著死者的靈魂不滅，在人間界的生命消逝之後，還能藉由鳳鳥、夔龍的協助，達到乘龍升天，或引魂升天的目的，然後直達仙界。

帛畫將生存的宇宙空間，分成天界、人界、地界的三階層，也就三界的三分法，在人界的生命消失之後，希望能藉由仙術、修煉等方式，向上提升至天界，達到成仙的夢想，以便永生不死。否則，就只能向下沉淪至地界，是充滿水族、怪物遊蕩，幽暗深邃的陰間世界。而這種三界的宇宙觀，與薩滿文化有著相似之處。

薩滿教（Shamanism），是分布於北亞一帶的傳統宗教，巫者薩滿（Shaman）是具有控制天氣、預言、解夢、占星等能力，在薩滿文化的宇宙觀，上層為神靈世界，中層為人類、動物居住的地方，下層為死神、鬼聚集世界。因此，巫師薩滿擁有靈魂脫離與附體的能力，薩滿文化相信人有靈魂，而且人死後靈魂不滅，仍舊存在於宇宙之間。

因此，帛畫所呈現天、地、人的三界宇宙觀，與薩滿文化的神靈、生靈、死靈的概念，極為相似。這種三界宇宙觀的概念，從先秦以來就已經存在，《易經・繫辭下》所謂：「有天道焉，有人道焉，有地道焉，兼三才而兩之。」也就是用天、地、人的「三才」，來解釋身處的宇宙世界。此外，道教思想的天界、地界、水界之說，以及佛教思想的欲界、色界、無色界之說，都反映出早期社會思想，接受三界宇宙觀的概念。

四、初生：最初的生命起源

關於人類起源，東西方文化一直以來有著兩種不同的論調：「創造論」與「演化論」。創造論，主要是相信所處世界之外，有一種超自然的力量或生物，人類為其所創造，並主宰、規範人的活動，除了東方文明的女媧「摶土造人」神話，在西方希臘神話的普羅米修斯（Prometheus）

也有類似的神話敘述，普羅米修斯以泥土雕塑出人的形狀，再由智慧女神雅典娜（Athena）為泥人灌注靈魂，共同創造了人類，並教導人類很多知識。另外，聖經的《創世紀》（Genesis），則是敘述耶和華（Jehovah），在空虛混沌之中，用六天的時間先後創造了光、大氣、旱地、植物與動物，並在第六天按照自己的形象，創造了亞當和他的妻子夏娃，並安置在伊甸園。因此，無論是女媧、普羅米修斯、耶和華等，都是東西方文化的創世神話與造物主的傳說，背後不約而同透露出相同的觀念；而在宗教思想上，則概稱為天神、上帝或造物主等。

演化論，主要則是強調人類是由物種不斷的演化、進化而成，而傳統夸父「開天闢地」的神話，與達爾文（Charles Robert Darwin，1809-1882）《物種起源》（全名《論依據自然選擇即在生存鬥爭中保存優良族的物種起源》，*On the Origin of Species by Means of Natural Selection, or the Preservation of Favored Races in the Struggle for Life*）所提出的演化概念，都是類似理論的代表。雖然演化論的理論，近來受到不少學者的討論，但仍可視為創造論之外的一種看法。

若是從軚侯夫人辛追的帛畫內容，則可以看出漢代社會接受女媧「摶土造人」的思想，因此將人首蛇身的女性形象，置於畫面最上層的正中央，同時反映出當時漢代濃厚的神仙思想。除了以女媧作為天界之神外，在漢代也有崇拜祭祀「太一」或「太乙」神，認為是天地之間的主宰，即《呂氏春秋・大樂》所謂：「道也者，至精也，不可為形，不可為名，強為之名，謂之太一。」在儒家的論述之下，例如《史記・天官書》所言：「中宮，天極星，其一明者，太一常居也。」從星辰轉化為天地的準則「道」，甚至再幻化為人形，接受官方與民間的祭祀。

因此，漢代思想家董仲舒（前179-前104）提出的「天人感應」理論，就是基於天地萬物可以相互感應、相互溝通，其思想除了被作為政權統治的工具之外，背後更是強調「天」是具有意志，為支配一切的最高主宰，人的構造、思想、感情、道德等因素，都是由「天」所塑造出來。既

然天地之間可以相互溝通，人也可以藉由使者，或自我修練，達到精神或魂魄，能自由出入於天地之間，於是漢代出現重視修玄、修眞，進而達到成仙與長生不老的神仙思想。

五、終歸：最終歸宿的死亡想像

漢代的神仙思想，認爲人的最後歸宿，不是成仙，就是落入九泉。早期死後的概念，是指陰間、冥界，屬於黑暗的世界，主要是先民從自然環境之中的觀察，認爲人死之後，都埋於地底、深至地下，因此多與地底、水有關，統稱爲黃泉、九泉、地府等。亦即《左傳》的鄭莊公怨恨母親，所說「不及黃泉，無相見」，「黃泉」就是指死後的世界。

帛畫所描寫的死後世界，是有一位巨大的神人或獸人，支撐著地面，地面下方則是有著大魚、怪獸等水族動物，以水底或海底的形象，來呈現陰間與冥間世界的幽暗。而黃泉、九泉所代表的死後概念，一直延續到漢代，部分漢代方士還提出：泰山神負責管理死後世界的說法，因此人死之後，亡魂歸於泰山之下。晉朝張華（232-300）《博物志》記載：「泰山一曰天孫，言爲天帝之孫也。主召人魂，東方萬物之始，故知人生命之長短。」顯然泰山神的信仰，與自然界的觀察，東方日出之地有關，之後進而成爲冥界主宰，因此出現泰山府君、東嶽大帝等祭祀信仰。

漢代的神仙思想，認爲神仙的居所除了在天上之外，也有可能出現在人間某個隱密之處，稱爲「洞天福地」。《山海經·海內西經》記載：「海內崑崙之墟，在西北，帝之下都。崑崙之墟，方八百里，高萬仞。上有木禾，長五尋，大五圍。面有九井，以玉爲檻。面有九門，門有開明獸守之，百神之所在。開明獸身大類虎而九首，皆人面，東向立崑崙上。」因此仙山所在的「崑崙山」，爲眾神的居所，高牆萬仞，以玉爲檻，面有九門，更有神獸開明獸看守，儼然仙境樓閣。而漢代記載則是蓬萊、方丈、瀛洲等三座神山，司馬遷《史記·封禪書》就提及戰國時期的齊威王、齊宣王與燕昭王等，都曾「使人入海求蓬萊、方丈、瀛洲。此三神山

者，其傅在勃海中，去人不遠；患且至，則船風引而去。蓋嘗有至者，諸僊人及不死之藥皆在焉。」以致於徐福向秦始皇提到「海中有三神山，名曰蓬萊、方丈、瀛洲，仙人居之」，進而引起秦始皇的興趣，派遣徐福東向求取仙藥。

臺北故宮所藏五代時期董源（？-962）所繪〈洞天山堂圖〉，即反映出對仙山的想像與追求，而仙山就深藏在雲煙繚繞之處，若有求仙者，進入仙山後，必須等待與仙人相遇、傳授仙術的機緣。除此之外，還可透過採藥、煉丹、修行等方式，作爲升仙的可能途徑。

不過，漢代神仙思想的基本原則，前提是必須接受萬物有靈的概念，才能藉由修煉等方式，產生離魂的可能。而這種萬物有靈，或泛靈的概念，到了漢代董仲舒所提出的「天人感應」論，發揮到極致。英國人類學家泰勒（Edward Burnett Tylor，1832-1917）同樣以「泛靈論」（Animism）的基礎，提出「萬物有靈」的概念，主張原始的人類，在形成宗教之前，是先產生了萬物有靈的觀念，可見董仲舒、泰勒兩人的思想，皆有相似之處。

到了魏晉時期，南朝宋的范縝（450-515）針對當時佛教思想的流行，進而提出〈神滅論〉：「神即形也，形即神也。是以形存則神存，形謝則神滅也。」認爲人死後就沒有靈魂的存在。一時之間，崇信佛教的梁武帝蕭衍（464-549）〈敕答臣下神滅論〉、蕭琛（480-531）〈難神滅論〉等，批評范縝的觀點，在當時更引起了神滅、神不滅的「靈魂有無」哲學大辯論。

佛教思想在東漢初期，經由印度傳播而來，同時也帶來了因果輪迴、地獄觀念等思想。在佛教的因果報應思想之下，有所謂的六道輪迴：天、人、修羅、畜生、餓鬼、地獄。認爲人死之後，必須要接受十殿閻王等層層審判，然後依照陽世間的罪行，施以八熱地獄、八寒地獄、十六地獄等，然後投胎轉世。因爲投胎轉世，背負著前世的恩怨，如此輪迴循環，所以人一出生就有「業障」，與西方的「原罪」（Original Sin）頗有相似

之處。所以《法華經・方便品》記載：「以諸欲因緣，墜墮三惡道，輪迴六趣中，備受諸苦毒。」若要擺脫輪迴循環的生死束縛，就必須修行達到「涅槃」的境界，以超脫六道輪迴。

所以，傳統死後世界的概念，主要是黃泉、九泉、陰間的思想，與水府有所關聯，到秦漢之際，方士則談論「泰山」、「梁父」，甚至是泰山治鬼的說法，因此死後世界僅是幽冥、陰暗的世界，或許有鬼怪、水怪，但不強調死後的審判與懲罰，可視爲「泰山系統」的思想。直到佛教傳入之後，導入因果輪迴的概念，強調死後世界是由閻羅王、十王作爲陰間主宰負責審判，死後需要經過嚴密的審判，分辨善惡，藉由恐懼的酷刑懲罰，希望勸導百姓不要爲惡、多做善行，可視爲「地獄十王系統」的思想。

六、生命延續與轉化的可能

有形生命既然終究都會消逝，如何才能達到生命的延續？從《山海經》的神怪記載中，有很多怪獸或神獸，身形外貌都與一般動物不同，甚至是不同物種的結合，而這背後就代表著變形與轉化的可能。例如

比翼鳥：《山海經・海外南經》稱「其狀如鳧而一翼一目，相得乃飛，名曰蠻蠻」，也就是一隻翅膀、一隻眼睛，要兩隻鳥合體，才能飛翔，而這也是後人將比翼鳥，作爲戀人或夫妻相愛時，緊緊相依的比喻。也就是白居易〈長恨歌〉所謂：「在天願作比翼鳥，在地願爲連理枝。」

酸與：《山海經・北次三經》記載：「有鳥焉，其狀如蛇，而四翼、六目、三足，名曰酸與。其鳴自叫，見則其邑有恐。」即是長得像蛇的鳥，四隻翅膀、六隻眼睛、三隻腳，因鳴叫聲「酸與」而得名。

旋龜：《山海經・南山經》記載：「其中多玄龜，狀如龜而鳥首虺尾，其名曰旋龜，其音如判木。」旋龜又稱玄龜，是龜與鳥首、蛇尾的合體，秦漢之後，成爲四方神靈代表之一，也就是北方的神靈與象徵。

狌狌：《山海經・南山經》稱「有獸焉，其狀如禺而白耳，伏行人

走，其名曰狌狌，食之善走。」而《山海經・海內南經》則是「狌狌知人名，其爲獸，如豕而人面。」《山海經・海內經》則是「有青獸，人面，名曰狌狌」。因此，狌狌有白耳人形、人面豬身以及青獸人面等，三種不同的樣貌。

天狗：《山海經・西山經》記載：「有獸焉，其狀如狸而白首，其音如榴榴，可以御凶。」是長相如山貓，白色的頭，叫聲爲「榴榴」。

另外，「陵魚」是人面魚身在海中生活、「寓鳥」則是狀如鼠而有鳥翼、「句芒」是鳥身人面、「化蛇」是人面而豺身且鳥翼而蛇行，以上的特殊異獸都出現在《山海經》的各類敘述之中。

值得一提的是，《山海經》中的各類怪獸或異獸，多外型怪異，令人畏懼，但是不少記錄中，卻提及人類欲食用這些異獸的想像。例如《山海經・北山經》的「儵魚，其狀如雞而赤毛，三尾六足四首，其音如鵲，食之可以忘憂。」、《山海經・南山經》的「玄龜，其狀如龜而鳥首虺尾，其名曰旋龜，其音如判木，佩之不聾，可以爲底。」、《山海經・南山經》的「其狀如禺而白耳，伏行人走，其名曰狌狌，食之善走。」以上所謂的「食之可以忘憂」、「佩之不聾」、「食之善走」等，都說明人類對這些異獸既畏懼其怪異外型、又渴望擁有特殊的能力，兩種複雜情緒的交錯。

《山海經》雖然有著許多融合奇幻想像的生物，甚至是外型的變形轉化，其背後正是代表著早期社會對生命延續的想像。如果萬物都有可能產生變化，那人類的軀體，是否可以透過某些方式的修練，達到相同的可能？因此，衍生出獲得生命延續與長生的二種可能方法：

1. **讓肉體不朽**。延續《山海經》中渴望捕食異獸的觀念，若希望身體能像礦石一樣，堅硬而不壞，於是就透過服食礦石，達到相同結果，所以漢代至魏晉時期，開始有煉製、服食礦石的習慣，亦即「石藥」，甚至相信服食黃金、玉石，都能令身體不壞。而魏晉時期常服用的「五石散」，即淵源於此，同時也產生煉丹以求仙的風氣。此外，此

種觀念也滲入到後代的「以形補形」飲食觀：即吃什麼，補什麼。

2. **讓肉體變化而不朽**。人類由觀察自然界的生物與現象，發現蛇、蟬、蝴蝶等生物，都會因蛻變而產生形體的變化，甚至是完全變化（類似幼蟲到成蟲的完全變態：complete metamorphosis）。因此，相信人類若能藉由某些途徑或方法修練，應該也能蛻變成仙，於是透過靜坐、煉氣、導引等各種方式的訓練，達到身體產生變化。同時，蟬、蝴蝶的形象，成為得道成仙的崇拜與象徵，也就是生命轉化與長生不老。所以，漢代社會常常將玉器，雕刻成蟬的形象，甚至人死之後，在嘴放上玉蟬，以作為羽化成仙的象徵，也就是所謂的「含蟬」。

　　由於人對成仙的追求，以及萬物皆能變化的觀念，漢代社會相信「無物不能變化，無物不可成精」，同時也影響魏晉時期以後，對於記載神仙、精怪、靈獸等故事的「志怪」風氣，於是有葛洪（283-343）《抱朴子》、干寶《搜神記》等著作的出現。《抱朴子》在〈內篇・登涉〉特別提到，深山多仙人、靈獸，但也充斥妖怪，因此入山需備明鏡，以辨虛實，即「萬物之老者，其精悉能假託人形，以眩惑人目而常試人，唯不能於鏡中，易其真形耳。是以古之入山道士，皆以明鏡，徑九寸已上，懸於背後，則老魅不敢近人。或有來試人者，則當顧視鏡中，其是仙人及山中好神者，顧鏡中故如人形。」另外，可以藉由鏡子的觀看，分辨精魅的原形，這也是後來俗諺常說的「照妖鏡」。另外，更有避邪的「六甲祕祝」：「入山，宜知六甲祕祝，祝曰：『臨兵鬥者，皆陣列前行』。凡九字，常當密祝之，無所不辟。要道不煩，此之謂也。」

　　類似的「志怪」風氣與思想，更影響了後代的《列異傳》、《稽神錄》、《通幽錄》、《太平廣記》等，甚至是到了清代，紀昀《閱微草堂筆記》、蒲松齡《聊齋志異》等著作，仍以精怪雜記、小說的記載內容，而廣泛受到讀者的喜愛。

第二章
竹林七賢的清談表象

　　魏晉時期的貴族階層，是崇尚美感的社會，其中特別是竹林七賢所塑造出來的清談行爲與形象。然而竹林七賢的形象，除了有著高雅、名士的象徵之外，還受到政治環境、社會生活與風俗習慣的影響。同時，更與魏晉文人的服藥、飲酒、奢侈等行爲有關。不過，竹林七賢的形象，是傳統儒家思想對於入仕以外，追求隱逸出仕的精神象徵，因此在後世的藝術作品上，則轉化爲對高士隱逸、文人雅集的追求與表現。

一、竹林七賢的圖像與形象

　　關於魏晉時期竹林七賢的稱謂，最早見於《三國志・魏書・王粲傳》所記載的嵇康傳記，裴松之注引《魏氏春秋》：「（嵇）康寓居河內之山陽縣，與之游者，未嘗見其喜慍之色。與陳留阮籍、河內山濤、河南向秀、籍兄子咸、琅邪王戎、沛人劉伶相與友善，游于竹林，號爲七賢。」另外《晉書・嵇康傳》則提到：「（嵇康）所與神交者，惟陳留阮籍、河內山濤；豫其流者，河內向秀、沛國劉伶、籍兄子咸、琅邪王戎，遂爲竹林之遊，世所謂『竹林七賢』也。」而《世說新語》也記載相同敘述，所以嵇康與阮籍、山濤、向秀、阮咸、王戎、劉伶等七人，被後世並稱爲「竹林七賢」。可見當時人以嵇康的才華洋溢、風度翩然，被視爲龍章鳳姿的高雅，先與嵇康友好的，有阮籍、山濤，後來才有向秀、劉伶、阮咸、王戎等人的參與。因此，應是先有「七賢」之名，再有「竹林七賢」的稱謂；同時，竹林七賢是以嵇康爲中心，參與者也有著層次上的差異。

　　竹林七賢相關的最早畫像，爲1960年4月在南京市西善橋出土的南朝墓葬內，所存留的南朝磚印壁畫，此磚印畫像磚或稱爲「竹林七賢與榮啓

期」，是南朝常見的墓葬裝飾。另外，在1965年丹陽胡橋仙塘灣，也出土半套「竹林七賢與榮啓期」印磚畫；1968年的丹陽胡橋吳家村南朝墓、建山金家村南朝墓，以及2010年的南京雨花台石子崗南朝墓，都出土成套，或不成套的類似題材拼鑲磚畫，不僅題材內容相同，在規模、構圖與表現手法也極為相似。可見竹林七賢題材的磚印畫像磚，是當時南朝時期的貴族高級墓葬形制，所常見表現的裝飾題材與方式。

以南京市西善橋的竹林七賢磚印畫像磚，採拼鑲方式，全套磚印模畫長244公分，寬88公分，由三百多個墓磚組成，分別於裝飾墓道兩側。一般研究認為，磚畫可能是先以整幅絹布作畫為底稿，然後按照尺寸分割，製作木模，再將木模畫轉印在磚坯上，分別燒製，燒製時予以編號，然後依照編號拼對完成。

墓道從外至內，南壁分別繪有嵇康、阮籍、山濤、王戎等四人；北壁則為向秀、劉伶（磚文作劉靈）、阮咸、榮啓期等四人，中間以槐樹、柳樹等加以分隔。整體線條表現，簡練精緻，描寫八人在林中席地而坐，或撫琴嘯歌，或飲酒沉思，人物特徵鮮明。

此磚印畫像磚的主要特點：一、採用槐樹、柳樹、闊葉樹作為區隔，而非採用「竹林」。二、為對應墓道入口兩側的平衡，於是在竹林七賢的七人之外，再加上一位高雅的隱士，即榮啓期。榮啓期，為春秋時期的人物，曾與孔子談論人生三樂的精神，畫像磚藉此增入隱士、高士的形象，並達到墓道兩側的人物行為表現與畫面平衡。

而磚印畫像磚人物依序為：嵇康（223-263），坐於地上，雙手撫琴，由於嵇康善於音律，豁達風采，畫像磚所描寫的，就是嵇康擅長音律、撫琴的形象。向秀〈思舊賦〉曾提到：「嵇博綜技藝，於絲竹特妙。臨當就命，顧視日影，索琴而彈之。」《晉書·嵇康傳》更記載：「（嵇康）常修養性服食之事，撫琴詠詩，自足於懷。」由於嵇康在思想上，偏向於自由逍遙、特立獨行的生活，而且娶了曹魏宗室女長樂亭主為妻，官拜郎中、中散大夫，所以在政治立場上，偏向曹魏勢力，與當時掌握朝政

的大將軍司馬昭勢力，格格不入。後來因事牽連，被司隸校尉鍾會（225-264）所讒言，鍾會更以「孔子戮少正卯」的春秋案例，勸司馬昭加以誅殺嵇康。臨刑時，嵇康從容彈奏琴曲〈廣陵散〉，並感嘆：「〈廣陵散〉於今絕矣！」

　　阮籍（210-263），父親爲建安七子之一的阮瑀，曾任散騎常侍、步兵校尉等官，封關內侯，與好友嵇康並稱：嵇阮。畫像磚描寫阮籍隨意坐於地上，一手以肘著膝，旁邊有酒杯，酒杯內有一木雕小鴨，稱爲「浮」，用以標示剩餘的酒量多少；而右手則置於口，作呼嘯狀，表現出狂放自在的意境。歷史記載阮籍常於飲酒之後，隨意長嘯，據《晉書‧阮籍傳》提到，阮籍「博覽群籍，尤好《莊》《老》，嗜酒能嘯，善彈琴，當其得意，忽忘形骸。」因此畫像磚特意以好飲酒、好長嘯，作爲阮籍的形象。

　　山濤（205-283），屈膝坐在於地上，右手挽袖抱膝，左手執杯飲酒，旁邊放置酒杯。山濤好老莊之學，善於喝酒，更有飲酒「至八斗方醉」的說法，根據《晉書‧山濤傳》記載：「濤飲酒至八斗方醉，帝欲試之，乃以酒八斗飲濤，而密益其酒，濤極本量而止。」皇帝由於不相信他喝到八斗，就停止不喝的說法，於是故意偷偷增加酒的容量，但山濤喝到八斗之後，就自然停下，不再喝酒。而畫像磚所呈現的內容，就是此事蹟的描寫。

　　王戎（234-305），隨興的坐於地上，一手肘靠在几上，一手執如意，旁邊放置酒杯，表現出王戎對於玉如意十分喜愛，多不離手。南朝梁的詩人庾信〈對酒歌〉：「山簡接䍦倒，王戎如意舞。箏鳴金谷園，笛韻平陽塢。」就描寫了山簡（山濤之子）醉酒，王戎手執如意跳舞的形象。

　　向秀（227-272），背倚靠著樹，坐在地上，閉目沉思。《晉書‧向秀傳》記載：「雅好老莊之學，莊周著內外數十篇，歷世才士雖有觀者，莫適論其旨統也，秀乃爲之隱解，發明奇趣，振起玄風，讀之者超然心悟，莫不自足一時也。」因此向秀主要表現於談論老莊等玄學，沉思冥想

的形象。

劉伶（？-300），坐在地上，一手持酒杯，一手指作蘸酒狀，表現出劉伶嗜酒成痴的形象。《晉書・劉伶傳》記載許多嗜酒的事蹟，而劉伶著名的〈酒德頌〉提及：「幕天席地，縱意所如，止則操卮執觚，動則挈榼提壺。唯酒是務，焉知其餘。」完全反映出其沉迷嗜酒的個性。

阮咸，盤腿坐在地上，捲袖演奏琵琶。《晉書・阮咸傳》記載：「咸妙解音律，善彈琵琶。雖處世不交人事，惟共親知絃歌酣宴而已。」因為阮咸喜歡演奏琵琶，也改良了西域傳來的秦琵琶，後世如《舊唐書・音樂志》記載：「蜀人蒯明于古墓中得之，晉竹林七賢圖阮咸所彈與此類，因謂之『阮咸』。」所以將改良過的秦琵琶，直接稱為「阮咸」，或簡稱為「阮」，或秦琴。

榮啟期，為春秋時期的人物，在列禦寇《列子・天瑞》記載：「孔子遊於大山，見榮啟期行乎郕之野，鹿裘帶索，鼓琴而歌。」於是孔子與其談論，榮啟期說出人生三樂的精神，所以畫像磚呈現的是一位智慧老者，盤腿而坐，雙手撫琴的形象。南宋畫家馬遠就曾以此題材，創作了〈孔子見榮啟期〉的作品，而部分研究者認為，榮啟期可能是文學或哲學所虛構的傳奇人物，未必是真實人物。然而在魏晉時期的敘述中，榮啟期以超脫凡俗的隱士形象，晉升成為仙人的形象。

另外，值得注意的是，在阮籍、王戎圖像旁的酒杯，杯中有著類似小鴨形狀的裝飾物，或稱為「浮」，這與早期飲酒習慣與釀酒技術有關。古代的釀酒技術較為簡單，沒有榨煮過程，酒熟成之後，就可以過濾飲用。加上過濾的工具，較為簡易，過濾之後，有時碎米、渣滓等酒糟，會浮在酒面上，這樣的酒或稱為「濁酒」。因此早期的飲酒，既稱為喝酒，也稱為吃酒，也就是隨同酒糟一起吃下去，所以文人在描寫飲酒時，總會提及酒糟、糟沫。東漢劉熙的《釋名》：「酒有沉齊，浮蟻在上，沉沉然如萍之多者。」三國時期曹植（192-232）在〈七啟〉詩提到：「於是盛以翠樽，酌以彫觴。浮蟻鼎沸，酷烈馨香。可以和神，可以娛腸，此肴饌之妙

也。」翠樽，是指綠玉裝飾的酒器；浮蟻，則是酒面上的泡沫細碎。唐代詩人白居易（772-846）的〈問劉十九〉：「綠蟻新醅酒，紅泥小火爐。晚來天欲雪，能飲一杯無？」因此，浮蟻、綠蟻等稱呼，就是用來形容酒面上的泡沫碎屑。

由於這些酒糟經過一段時間，會稍微呈現偏綠色，所以又有綠酒的稱呼，如同詩人杜甫（712-770）於飲酒時所寫〈獨酌成詩〉的：「燈花何太喜，酒綠正相親，醉裡從爲客，詩成覺有神。」北宋晏殊（991-1055）〈清平樂〉：「勸君綠酒金杯，莫嫌絲管聲催。兔走烏飛不住，人生幾度三台。」這些「綠蟻」、「綠酒」、「酒綠」等形容詞，都是描寫飲酒時的真實情境，此後更演變成爲後世常見「燈紅酒綠」的用法。

可見磚印畫像磚圖像旁的酒杯中，類似小鴨形狀的裝飾物，或稱爲「浮」，是其來有自，與傳統飲酒的習慣，酒面上所謂「浮蟻」有關，後世更以「浮一大白」最爲文人的豪飲象徵。此處圖像旁的酒杯，以小鴨形狀的裝飾物，誇張突顯了「浮」的特色，或許是表現出竹林七賢的文人審美情懷吧。

二、竹林七賢題材的相關畫作

由於竹林七賢所表現出的，是一派自然隨意、不問俗事的清高形象，於是成爲歷代讀書人的崇高理想，因此畫家常有以竹林七賢爲題材的創作，例如孫位〈七賢圖〉、陳洪綬〈竹林七賢圖〉等。

唐代畫家孫位，擅畫人物、鬼神、松石、墨竹等題材，其作品〈七賢圖〉，又稱〈高逸圖〉，採絹本，設色，是表現竹林七賢形象的畫作，由於僅剩殘卷，僅有四賢而已。〈七賢圖〉最早見於宋代的《宣和畫譜》，卷首有宋徽宗以瘦金體御題「孫位高逸圖」，現藏於上海博物館。殘卷僅剩的四賢，爲：阮籍、劉伶、王戎、山濤，每人都有童僕侍候，以樹木奇石相隔，環境靜幽。四賢多戴頭巾，盤腿坐於地上，有時衣服袒胸、坐姿隨興；其中阮籍手中所執扇子，是傳統便面。劉伶則手持酒杯，似是側首

欲吐，身後侍童手持壺跪接。而王戎手執長柄如意，即是表現出「王戎如意舞」的喜好。山濤則袒胸露腹，披襟抱膝而坐，姿態曠達。整體而言，四賢旁邊擺置酒器、書卷、鼎彝銅器等，表現出雅好清談、不拘禮法、放蕩不羈的高雅個性。

　　明代畫家陳洪綬（1598-1652）的〈竹林七賢圖〉，採絹本，設色，則以特殊的人物形象，表現出個人對放浪不羈的特有詮釋。陳洪綬擅長人物、山水、花鳥等各類題材，自成一格，不從俗變，因畫技精湛，與崔子忠（？-1644）齊名，世稱「南陳北崔」。明末崇禎帝任命他爲內廷供奉宮廷畫家時，抗命不就，返回家鄉紹興隱居。所描繪人物形象較爲誇張、特異。陳洪綬所描繪的竹林七賢形象，有別於一般文人雅士，面大耳廓、虯髯鬍鬚，衣紋細緻流暢，或戴布帽、斗笠，時而散步林間，時而坐臥石上，整體服飾偏向一般日常生活的裝扮，具有個人獨特風格的畫風。其中一位則姿態率性，敞開衣襟，握著竹杖，斜臥於石床之上，石床下的鞋隨意散落，映襯出竹林七賢的放浪不羈，與率性而爲，同時也反映出畫家自身不參與政治、不問俗事的性格，以及對竹林七賢風骨的崇敬。

　　此外，明代畫家仇英、李士達、劉仲賢等，清代畫家禹之鼎、冷枚、沈宗騫、彭暘等，以及民國初年畫家吳昌碩、張大千等，都有以「竹林七賢」爲題材的畫作，可見竹林七賢在傳統文人與知識份子心中，作爲追求清靜高遠的理想象徵。除了文人的精神寄託之外，竹林七賢的形象也進入大眾日常生活文化，於是出現在瓷器、木雕、硯刻、筆筒、刺繡、鼻煙壺等，各類工藝品之中。

三、高雅與放蕩之間

　　竹林七賢有許多特立獨行的行爲，有時看似優雅，有時看似放縱，擺盪在高雅與放蕩之間的衝突表現，正是竹林七賢反映內心的精神象徵。此外，除了竹林七賢的個人精神特質之外，整體社會的政治環境、生活習慣也有相互影響。

㈠清談玄學的盛行

清談玄學的盛行原因，大致有：⑴東漢末年至魏晉時期，因為政治的變動，以及政權的更替，傳統士大夫與文人對政治態度消極，為求明哲保身，多以清談玄學為務。⑵魏晉時期以來，因政治變動所產的戰亂，致使生靈塗炭，士人為逃避現實，不問世事，暢談老子、莊子、周易等學說，尋求心靈的慰藉。⑶漢代以來的經學日趨繁瑣，名節禮法流於虛偽，士子為追求個性與思想的解放，清談玄學於是流行。同時佛道思想之中，消極的出世思想，適合當時士人的需求，作為精神寄託，更使清談玄學風氣的盛行。

魏晉清談玄學盛行，雖然帶動了新興的思想，刺激學術的發展，對當時的政治與社會環境，產生不同的影響：

1. 在政治方面，因晉朝的公卿官員，每日流於清談，政事不免怠惰、鬆懈，致使政治敗壞，社會民生無所助益。

2. 在社會方面，因反對並破壞傳統禮教，於是縱情酒藥，甚而垢面裸身，行為怪誕，加上清談內容的消極虛無，對現實採取逃避態度，整體社會處於相對停滯的狀態。

3. 在思想方面，以道家思想闡釋儒學、解說經學，思想為之解放，為文學、書法、繪畫等創作，帶來新的影響。

㈡魏晉士人的生活樣態

竹林七賢所帶動的魏晉士人生活樣態，在清談玄學的影響下，產生強調率性、任真的個人特質，甚至怪誕的行為，主要有阮籍、劉伶、阮咸等作為代表。

阮籍：所代表的有青白眼、醉臥酒婦、窮途之哭等個人的特立獨行。阮籍喜歡以看人的眼神，來表現出自己的好惡，《晉書・阮籍傳》記載：「（阮）籍又能為青白眼，見禮俗之士，以白眼對之。」阮籍母喪之時，裴楷前來弔謁，阮籍醉而直視，而嵇喜來的時候，阮籍因為討厭他，所以

白眼以對，表情顯然不屑；但是嵇喜的弟弟嵇康到來，阮籍「大悅，乃見青眼」。此處的「青眼」，就是眼珠直視對方，表任敬重、認真傾聽的態度。所以阮籍用白眼、青眼的眼神，非常直接表現出自己的喜好與否。其他又如：到鄰家少婦的酒肆買酒，「籍嘗詣飲，醉，便臥其側。籍既不自嫌，其夫察之，亦不疑也」，完全沒有慾念或逾越的舉動。有時則獨自駕車，隨意行走，走到無路可走之處，便痛哭返回，亦即「窮途之哭」的由來。甚至是司馬昭為其子求婚於阮籍，阮籍遂喝酒大醉六十日，使司馬昭不得不放棄。無論是青白眼、醉臥、痛哭等，這些都代表阮籍個人真性情的表現。

　　劉伶：除了嗜酒之外，最具有代表個人特質的舉動，便是脫衣。《世說新語‧任誕》記載：「劉伶恆縱酒放達，或脫衣裸形在屋中，人見譏之。伶曰：『我以天地為棟宇，屋室為褌衣。諸君何為入我褌中？』」劉伶的脫衣，不僅是行為的表現，甚至有玄學的思想哲理，以天地為棟宇的回答，代表著天人合一的境界。當時也有仿效劉伶的脫衣舉動，例如王澄將率軍隊駐守荊州，歡送者甚多，「（王）澄見樹上鵲巢，便脫衣上樹，探而弄之，神氣蕭然，傍若無人。」劉伶的行為之所以被當時人討論，與劉伶背後的政治態度、率真個性與哲學思想等都有關係。

　　阮咸：曾與王氏族人宴會時，用大甕盛酒，以大酌喝酒，「時有羣豬來飲，直接去上，便共飲之」，表現出人豬共飲的和樂場景，與《莊子‧內篇》所謂：「天地與我並生，萬物與我為一」的天人物我、齊一平等的「齊物論」觀念。之後因母親去世，姑母前來弔喪，之後表示要搬到遠方，但之前阮咸與姑母的婢女要好，聽說也要一起離開，於是不顧身上仍穿著孝服，急忙向客人借驢子去追，然後帶著婢女一起回來，人問其故，阮咸回答：「人種不可失！」

　　以上阮籍、劉伶、阮咸的行為，代表了竹林七賢的灑脫率直、放蕩不羈性格之外，背後多少有對社會禮教與虛偽束縛的反抗，所以用超乎常理與規範的方式，表達自我的想法。

(三)服藥與飲酒的風尚

　　關於魏晉時期士人的飲酒、脫衣等行為，與當時社會上服藥的習慣，有著密切的關係。所謂的服藥，是指服用「寒石散」，因成分主要是石鐘乳、石硫黃、白石英、紫石英、赤石脂等礦石粉末，因此又稱為「石藥」或「五石散」。

　　石藥的礦石服用，在春秋戰國時期便已出現，《史記・扁鵲倉公列傳》記載扁鵲（前407-前310）醫治齊王病症時，說道：「陰石以治陰病，陽石以治陽病。夫藥石者有陰陽水火之齊，故中熱，即為陰石柔齊治之：中寒，即為陽石剛齊治之。」之後，服食礦石藥物的習慣，歷經秦漢時期的變化，則轉變成求仙得道的途徑。《三國志・魏書・衛覬傳》記載：「昔漢武信求神仙之道，謂當得雲表之露，以餐玉屑，故立仙掌以承高露。」因此服食玉屑、甘露，就是當時祈求延年益壽、長生不老的手段。晉代葛洪（283-343）的《抱朴子・仙藥》認為：「服金者壽如金，服玉者壽如玉也。」強調玉石為仙藥，服食後可以令人身飛輕舉，得道成仙。

　　關於寒石散在魏晉時期的起源與流行，根據《世說新語・言語》記載：「寒食散之方，雖出漢代，而用之者寡，靡有傳焉。魏尚書何晏首獲神效，由是大行於世，服者相尋也。」寒石散原本是東漢末年名醫張仲景（150-219）所提出，藥性能使人全身發熱，於是運用在治療傷寒等疾病方面，頗獲得相當不錯的療效。但由於何晏（196-249）的服用，更宣稱能「非唯治病，亦覺神明開朗」，所以當時魏晉以後的名士，多有服食的習慣。

　　何晏之所以能帶動這股風氣，是因為何晏是大將軍何進的孫子、曹操養子，清談玄學代表，歷任散騎侍郎、侍中、吏部尚書，不僅家世背景顯赫，更以容貌俊美著稱。《世說新語・容止》記載，魏明帝懷疑何晏傅粉，所以故意在夏天酷熱時，賜給熱湯餅，「既啖，大汗出，以朱衣自拭，色轉皎然」，說明何晏的天生麗質、皮膚白皙，此外何晏也喜歡打

扮，「動靜粉帛不去手，行步顧影」，就是描述他愛美的寫照。由於外貌俊美，背景顯赫，所以何晏服食寒食散的行為，很快地被當時士人所爭相模仿。

此外，服食寒食散除了讓精神清爽之外，還有可能是因為血液循環會加快，因而被當作助興的春藥使用，隋代巢元方《諸病源候總論》談〈寒食散發候〉時就提及：「近世尚書何晏，耽好聲色，始服此藥，心加開朗，體力轉強。京師翕然，傳以相授。」《資治通鑑》引蘇軾（1037-1101）批評服寒食的風氣時，更說到「世有食鍾乳、烏喙，而縱酒色，以求長年者，蓋始於何晏。晏少而富貴，故服寒食散以濟其欲。」顯然，寒食散除了有讓精神清爽的功效之外，因過度興奮的特性，也兼具春藥的作用。

服食寒石散之後，身體會產生一些變化，首先是全身發熱，所以必須以寒衣、寒食、寒浴、寒臥等方式，予以散熱或降溫，這也是「寒石散」的名稱由來，唯一例外的是喝溫酒。由於服食寒石散導致全身發熱、敏感，所以當時文人喜歡散步、出遊，因此有所謂「行散」、「石發」的稱呼；另外，因肌膚的敏感，所以接觸衣服就有些不舒服，除了全身裸體之外，就只能穿單衣、舊衣，喜歡穿寬大的衣服，也就是「褒衣博帶」的形象，對新衣較為排斥，因為新衣服較為僵硬，容易使肌膚被擦傷。不過，習慣穿舊衣，就表示衣服不常換洗，於是身上容易產生跳蚤，魏晉名士也常以「捫蝨」作為日常生活之一，例如王猛的「捫蝨而言」、嵇康的「多蝨，把搔無已」等。

魏晉名士的脫衣裸體，除了自然放蕩的精神與理念抒發之外，也可能是因為服食寒石散的副作用。但是之後的仿效者，卻不知精神的意涵，只學得其外型，大多是為了裸體而裸露而已，所以《晉書・五行志上》提到：「（晉）惠帝元康中，貴遊子弟相與為散髮保身之飲，對弄婢妾，逆之者傷好，非之者負譏，希世之士恥不與焉。」於是紈褲子弟的模仿，簡直是畫虎不成反類犬，完全變成表現外在放蕩、粗鄙的行為，卻忽略了內

在的精神涵養。

　　此外，寒石散若長期服用，會逐漸出現神智恍惚、性格暴躁等副作用，大量服食寒石散的何晏，就被稱為：「魂不守宅，血不華色，精爽煙浮，容若槁木，謂之鬼幽。」而當時名士的皇甫謐（215-282），因長期服用之後，出現痛苦的副作用，據《晉書・皇甫謐傳》記載：「違錯節度，辛苦荼毒，於今七年，隆冬裸坦食冰，當暑煩悶，加以逆咳，或若溫瘧，或類傷寒，浮氣流腫，四肢酸重。」不僅皇甫謐有服食寒石散的習慣，周遭好友同樣也受到社會風氣影響，競相仿效服食，卻在之後出現嚴重副作用，「（何）晏死之後，服者彌繁，于時不輟，余亦豫焉，或暴發不常，夭害年命，是以族弟長互，舌縮入喉。東海王良夫，癰瘡陷背。隴西辛長緒，脊肉爛潰。蜀郡趙公烈，中表六喪，悉寒食散之所為也。」由於後遺症嚴重，因此魏晉至隋唐以後，已經很少有文人再服食寒石散了。

㈣美形男的形象

　　魏晉名士的形象，常見以容貌俊美加以稱呼，或以肌膚白皙描述，或儀態高雅形容。關於魏晉名士的美貌記載，除了何晏之外，王衍（256-311）也常被提及其肌膚白皙，《晉書・王衍傳》記載：「衍既有盛才美貌，明悟若神，常自比子貢。兼聲名藉甚，傾動當世。妙善玄言，唯談老莊為事。每捉玉柄麈尾，與手同色。」而《世說新語・容止》則是「恆捉白玉柄麈尾，與手都無分別。」手與玉柄同色，即是描寫其肌膚的白皙、細緻。

　　嵇康的容貌姿態，極為當時人所稱頌，《世說新語・容止》所謂：「嵇康身長七尺八寸，風姿特秀。見者嘆曰：『蕭蕭肅肅，爽朗清舉。』或云：『肅肅如松下風，高而徐引。』山公曰：「嵇叔夜之為人也，巖巖若孤松之獨立；其醉也，傀俄若玉山之將崩。」山公，即嵇康好友山濤，稱讚嵇康為孤松獨立、玉山將崩，描寫其高雅孤傲的身形。

　　夏侯玄（209-254），字太初，曹魏重臣，夏侯尚之子。《世說新

語》曾提及他的容貌俊秀，魏明帝曹叡讓毛皇后的弟弟毛曾，與夏侯玄共坐，時人稱為「蒹葭倚玉樹」，將毛曾比做蘆葦，而將夏侯玄譽為高潔的玉樹，兩者高下立判。又「時人目夏侯太初，朗朗如日月之入懷」，又將夏侯玄比喻為玉樹、日月，就可知當時人對其風采評價之高。

潘岳（247-300），字安仁，也就是民間俗稱的「潘安」，是因為容貌俊美而被後世傳誦，其友人夏侯湛（243-291），同樣也是天生俊美，《晉書‧夏侯湛傳》記載：「（夏侯湛）美容觀，與潘岳友善，每行止同輿接茵，京都謂之『連璧』。」由於兩位美男子同行，因膚色如同玉一般的潔白細緻、無瑕，而被稱為連璧。而裴楷也以俊美容儀著稱，被當時人稱為「玉山上行，光映照人」，用「玉人」加以稱讚，猶如不論是連璧、玉人，與形容王衍的手與玉柄同色，都是描寫俊美男子的容貌。

驃騎將軍王濟，被當時人形容是才華出眾，風度翩翩，是富有魅力的俊美男子，但是每次見到外甥衛玠（286-312），則感到自慚形穢，《世說新語‧容止》記載其「見（衛）玠輒歎曰：『珠玉在側，覺我形穢。』」而衛玠的俊美，更是名滿當時，號稱「觀者如堵牆」，與當今追捧超級巨星或偶像的風采相似，而因為受到許多關注與觀望，致使衛玠積鬱成疾，《世說新語》即寫道：「衛玠從豫章至下都，人久聞其名，觀者如堵牆，玠先有羸疾，體不堪勞，遂成病而死。」

由於魏晉男子注重姿態、肌膚、容貌等描寫，刻意營造魏晉風韻的形象，因此後世常以「玉人」、「玉樹臨風」、「連璧」等詞彙，來稱讚男子的風姿瀟灑、俊美儀表，都是取自於魏晉時期的典故。

四、褒衣博帶的服飾風格

傳統文人服飾，以衣袍寬大的樣式為主，體現高雅雍容的姿態。至魏晉時期，褒衣博帶的形式更加發展，特別是服食寒石散之後，導致全身發熱，所以必須予以散熱或降溫，當時文人以散步、出遊，作為「行散」、「石發」的習慣。有時則因肌膚敏感，所以服飾的表現，多以單衣、舊

衣，或穿著寬大的衣服為主，甚至於袒胸露背。《晉書・五行志》記載：「晉末皆冠小而衣裳博大，風流相仿，輿臺成俗。」輿臺，是指民間身分低微的人，可見當時上層社會的服飾風氣，都是以衣裳寬大為主，即使一般民眾也爭相仿效。由於衣袖寬大可以呈現飄逸、神仙的姿態，甚至《宋書・周朗傳》還有記載：「凡一袖之大，足斷為兩；一裾之長，可分為二。」

而士人頭戴的布巾，也同樣呈現類似的樣式，從漢末以來，王公貴族多以幅巾為雅，表現出歸隱的風尚，甚至有以名士為名的林宗巾、諸葛巾等，其中林宗巾，即是以東漢末年的郭太為名。郭太，字林宗，與名士李膺（？-169）友善，名震京師，據《後漢書・郭符許列傳》記載，其「性明知人，好獎訓士類，身長八尺，容貌魁偉，褒衣博帶，周遊郡國，嘗於陳梁間行遇雨，巾一角墊，時人乃故折山一角，以為『林宗巾』，其思慕類如此。」因此，戴頭巾成為名士、文士風流倜儻的象徵。

反映在魏晉時期的繪畫作品中，東晉畫家顧愷之（348-409）〈洛神賦圖〉的人物形象，便呈現出褒衣博帶、頭巾的服飾樣式。畫中的主角曹植，頭戴「梁冠」，身穿寬衫大袖，下著褲裙及地，隨從的服飾則頭戴「籠冠」，同樣是大袖寬衫，褲裙及地；而洛神的髮髻作雙環，身披衣帶，隨風飄逸。對於儒士寬袍大衣的服飾特色，在後來的繪畫表現上，常以線描為形式，以線條的粗細、長短、疏密等，勾勒出衣袍與人物動作的特性，著名的畫家有北齊畫家曹仲達、唐代畫家吳道子（680-759），前者風格稱為「曹家樣」，後者稱為「吳家樣」。《圖畫見聞志》記載：「吳之筆，其勢圓轉，而衣服飄舉；曹之筆，其體稠疊，而衣服緊窄，故後輩稱之曰：『吳帶當風，曹衣出水。』」其中「吳帶當風」、「曹衣出水」，就是表現人物衣飾方面的著名藝術手法。

至於南朝磚印畫像磚「竹林七賢與榮啟期」所呈現的坐姿，採用跪坐，則是魏晉以來常見的坐姿形態。早在秦漢時期的坐姿，因當時尚未有椅子等坐具，於是通常採用跪坐，即兩膝著地、跪而挺腰，也就是「跽

坐」。由於長跪會導致腿不舒服，所以坐位有時會鋪有鬆軟的蒲團、草蓆、毯，當時所謂的「正襟危坐」、「促膝長談」、「割席絕交」等詞彙，都與跪坐的姿勢與習慣有關。

至魏晉南北朝時，受到佛教傳入的影響，逐漸受到佛教打坐的坐姿影響，於是出現「結跏趺坐」，也就是雙腿盤膝而坐。此後，於唐末五代時期，開始出現胡床、折凳、圓凳、椅子等坐具，坐姿則改採「垂足坐」，即雙腳垂下的坐姿，同時椅子的坐具開始流行，逐漸出現靠背、扶手等構件。

南朝磚印畫像磚「竹林七賢與榮啟期」的圖像，出現竹林七賢的席地而坐，或盤腿，或蹺足，都反映出當時從跽坐到結跏趺坐等，坐姿的改變，而坐姿隨興的背後，也反映出曠達不羈的情操。

五、隱逸思想的影響：歷代高士圖

傳統社會的士人，對於取得功名，進入官場，爲地方社會與國家服務，是實踐自我理想的目標。孟子在〈滕文公章句下〉曾說過：「士之仕也，猶農夫之耕也。……古之人未嘗不欲仕也，又惡不由其道；不由其道而往者，與鑽穴隙之類也。」說明了士人做官，就如同農夫耕種，一樣的重要，同時是要依照正道而取得官職，而非使用鑽營的不良手段。因此在儒家思想之下，從政入仕是具有個人的功名求取，與社會實踐的雙重功能，所以《後漢書・梁統傳》提到：「大丈夫生世，生當封侯，死當廟食。」因此，不僅能建立個人功業，若能致君於堯舜，是國家太平和樂，更是不朽的人生事業，所以從政入仕，成爲了讀書人的重要理想與目標。

然而，面對政治環境的混亂，或有昏君在上，或有奸佞在朝，讀書人又不願同流合汙，或助紂爲虐時，於是有退歸隱逸的思想。這就是《論語・衛靈公》所謂：「邦有道則仕，邦無道，則可卷而懷之。」袁宏〈三國名臣序贊〉提到：「時方顛沛，則顯不如隱；萬物思治，則默不如語。是以古之居子，不患弘道難，患遭時難；遭時匪難，遇君難。」所以，從

政入仕與否，跟當時的政治環境、君王賢明等因素有關，因此無論是入仕從政，與出仕隱逸，同樣是讀書人的兩種崇高理想。

　　竹林七賢所代表的是，傳統隱逸不仕的崇高理想，並受到後世文人的敬重與推崇，於是以竹林七賢為主題的繪畫作品，不勝枚舉，進而擴大為描繪隱士、高士的「高士圖」的主題。而歷代高士圖的作品，大致可以分為數種類型：

(一)以隱逸意境為主

　　作品有：宋代畫家馬遠〈秋江漁隱圖〉、佚名〈槐陰消夏圖〉，與元代畫家劉貫道〈消夏圖〉等。馬遠〈秋江漁隱圖〉，以簡潔的線描筆法，描繪出老漁翁懷抱木槳，蜷伏在船頭酣睡，而周遭在秋風瑟瑟的吹拂下，蘆葦輕盈的搖擺、水波瀲瀲，展現出靜謐的秋意氣息。畫中雖然只是描寫老翁休憩的場景，但周圍靜謐的烘托，讓人感受到老翁似有高士的風範，因此點出「漁隱」的精髓之處。

　　佚名〈槐陰消夏圖〉，描繪盛夏時的濃蔭槐樹之下，畫中人物袒胸赤足，翹足臥於榻上休憩，在暑意消退之餘，似乎進入夢鄉睡眠。而榻下是零落散亂的鞋子，榻側放置雪景的屏風，几案上則羅列香爐、燭臺與書卷。整體表現出畫中人物，應是文人身分，而袒胸赤足的姿態，則讓人聯想「坦腹東床」的表現，呈現出文人閒適的日常生活，沉靜、安逸的韻味，更點出高雅、隱逸的風雅氣息。

　　劉貫道〈消夏圖〉，則是描寫著芭蕉、竹子的庭園中，一人手執塵尾，袒胸、赤足臥於榻上納涼。榻後側有一屏風，屏風描繪老者坐於榻上，小童侍立於側，背後又有屏風，是「重屏圖」的描繪形式，為五代時期以來畫家喜歡採用的表現特色。此外，榻旁擺設筆架、書冊、銅器，與類似阮的樂器，畫中人物表現出高雅的隱士風範，若依據阮的樂器，畫中人物應該是阮咸。

(二)以竹林意象為主

作品有：宋代佚名〈竹林撥阮圖〉、明代仇英〈蕉蔭結夏圖〉、清代蘇六朋〈竹林高士圖〉等。佚名〈竹林撥阮圖〉描寫溪邊竹林之下，三位文士，身著長袍，坐於墊上，或撥阮，或凝聽，或交談，旁有童子侍候，一童子跪伏溪邊汲水。仇英〈蕉蔭結夏圖〉，則是兩名高士席地對坐，各有阮、古琴，一人撥阮，一人停琴傾聽，童子服侍於後，石几上則有書卷與銅器。

蘇六朋〈竹林高士圖〉，則是描寫七位文人，在竹林之間，或撥阮，或談論，或下棋對奕，其中有童子服侍在側。而竹林與七位文人，正是對應「竹林七賢」的寓意。無論是〈竹林撥阮圖〉、〈蕉蔭結夏圖〉與〈竹林高士圖〉，都是以竹林、或阮，來呼應竹林七賢的主題，畫中的人物則是表現出清閒、幽遠的形象。

(三)以文人聚會為主

文人相互詩文唱和與聚會，一般通稱「文會」，而描寫文人聚會、詩文、飲宴等場景，則稱為「文會圖」。相關作品有：五代丘文播〈文會圖〉、宋徽宗〈文會圖〉、宋代李公麟〈西園雅集圖〉、明代謝環〈杏園雅集圖〉等。丘文播〈文會圖〉，絹本設色，描寫四位文人在山林之間，坐於榻上，或言談，或聆聽，或撫琴，恣態各異，侍者則隨侍在側，表現出文人的詩文、書畫、音樂等高雅悠閒情趣。宋徽宗〈文會圖〉，絹本設色，是描繪一群文人在庭苑之中，飲宴聚會的情景，桌案擺滿食物、果品等，侍者或溫酒，或備茶，往來其間，各項器物、場景皆為描繪細緻。

李公麟〈西園雅集圖〉，是描寫北宋時期一場盛大的文人聚會，當時著名的蘇軾、蘇轍、米芾等十五位文人與高士，聚集在王詵的庭院園林之中，或題詩，或觀畫，或畫石，或論道等，加上侍者、書僮，共二十二人。米芾在此圖作〈西園雅集圖記〉：「水石潺湲，風竹相吞，爐煙方裊，草木自馨。人間清曠之樂，不過如此。」雖然後世對此畫真偽，提出

不少討論，但是卻仍對於文人聚會時，以詩、書、畫會友，伴以古琴清幽之樂，徜徉在自然山水之間，享受悠閒燕居之心境等場景，十分地嚮往，因此有不少以「雅集圖」為主題的摹寫與創作。

　　到了明代謝環〈杏園雅集圖〉，描寫明代正統年間，內閣大學士楊士奇、楊榮、楊溥等人，與畫家謝環、侍者，共二十四人，在杏園聚會的情景。畫作所表現的內容，延續對文人聚會的記錄，所不同的是，將以往文人燕居休閒的服飾，改為官服，反映出入仕與出仕、從政與隱逸，兩者可以同時並存，展現出明代多元的仕宦生活寫照。

第三章
帝王形象塑造與〈便橋會盟圖卷〉

　　傳統歷代帝王的眞實御容寫眞畫像不多，很多都是後世的想像，而唐代目前存留的帝王眞實御容畫像，則是閻立本〈步輦圖〉所繪的唐太宗李世民。然而，後世對於唐太宗的形象，除了眞實容貌之外，更偏好塑造其明君、聖君的形象，陳及之〈便橋會盟圖卷〉，即是描繪官方史書所記載，唐太宗面對突厥大軍來襲，進逼首都長安的困境，運用了外交手段，於渭水上的便橋，勸退突厥頡利可汗，用以突顯其從容不迫的氣度。〈便橋會盟圖卷〉不僅呈現了歷史事件的內容，也描繪出遊牧民族突厥的服飾、髮飾、生活習慣等，以及農業民族與遊牧民族的生活差異。同時，更可藉由此畫圖像呈現的內容，與歷史事實之間的差異性，探討圖像背後所建構的立場與詮釋。

一、圖卷的內容

　　〈便橋會盟圖卷〉的作者爲元代畫家陳及之（1285-1320），採用白描筆法，繪於紙本，畫作長774公分、寬36公分，現藏北京故宮。卷尾署有作者款印，爲「佑申仲春中瀚富沙竹坡陳及之作」，學者研究認爲「佑申」應爲元仁宗延祐庚申年（1320）的縮寫，即此畫作完成的時間。

　　圖卷內容是描寫初唐的武德九年（626），突厥頡利可汗（?-634）率領大軍，抵達距離首都長安附近四十里的涇陽，京師爲之震動。根據《舊唐書・太宗本紀》的記載，唐太宗李世民（598-649）親率六騎前來，責備頡利可汗負約，頡利愧而請和，雙方遂於渭水的便橋簽訂盟約，史稱爲「便橋會盟」或「渭水之盟」。

　　圖卷大致依照《舊唐書》的史事記載，共繪有兩百三十餘人、兩百餘

匹馬，以及三匹駱駝，前段內容描寫了突厥軍隊的聲勢浩大，由遠而近的行進，並也表現出狂奔的馬隊，以及舞旗、弄丸、倒立、馬背雜技等高超騎術，與持桿擊球的馬球場面，展現出突厥人的生活場景。中段內容則是軍隊漸停歇休息，於是出現零星的將士下馬行走，或休憩、談天於樹林之間。畫面後段則呈現渭水上的便橋，以及突厥可汗頡利與率領的部眾，遙遙對望唐太宗的車駕儀隊。

　　從整體圖卷內容，大致可分為：馬術表演、遊牧民族服飾、便橋會盟等三個主題，加以討論：

(一)馬術表演

1. **馬術的各種表演**：〈便橋會盟圖卷〉內容雖取材渭水便橋的會盟場景，突厥軍隊聲勢浩大的前來，幾乎占滿7.7公尺的長卷，卻不見嚴肅的殺伐之氣，反而展現出各類的馬術表演，或舞旗、弄鷹、弄丸，或雙人倒立、拋接，儼然娛樂的百戲活動。此外，還有包括馬球場景、部隊行進的漩渦陣列。整體而言，畫家陳及之想表現的，或許並非是肅殺之氣的戰爭圖像，而是民族融合的寓意，同時也讚揚唐太宗能以外交手段，解決一場可能發生的巨大戰禍。

   對於各種馬術表演的描繪，在清代畫家郎世寧（1688-1766）所繪〈馬術圖〉也有類似的場景，〈馬術圖〉是描寫乾隆十九年（1754）冬，乾隆皇帝在承德避暑山莊，接見歸附清廷的蒙古族輝特部首領：阿睦爾撒納（1723-1757）等人的場景。圖中乾隆皇帝率領文武官員與蒙古貴族，一起欣賞八旗將士精彩的馬術表演，場面浩大，人物眾多。而乾隆皇帝騎馬位於由王公大臣佇列的前方，居於畫面中最重要的位置，表現出帝王的威嚴。畫面中有八旗將士於左側而出，採二人一組，導旗在先，繼者執弓舞箭或倒立，甚至在馬背站立、倒立、攀登、雙人表演等，後方導旗者為一女性。此與〈便橋會盟圖卷〉所表現的場景大致相同，顯示了遊牧民族對馬術的熟稔與精湛技術。

2. **馬球的場景**：這是〈便橋會盟圖卷〉當中突出的表現，畫面中有十四位騎馬者，手持長球桿，向前奔馳，而前導的四位，更是競相爭奪位於地上中央的球。馬球又稱為「擊鞠」，是騎馬擊球以求勝負的活動，更是遊牧民族常見的娛樂與競賽，尤其唐代中期以後的帝王，例如中宗、玄宗、敬宗、穆宗、僖宗等，都熱愛馬球活動，進而成為宮中貴族的娛樂活動。《資治通鑑・唐紀》提及，唐中宗「好擊球，由此，通俗相尚。」而玄宗也極為擅長馬球，《封氏見聞記》曾記載其為臨淄王時，與吐蕃使臣的比賽場景：「時玄宗為臨淄王，中宗又令與嗣虢王邕、駙馬楊慎交、武延秀等四人敵吐蕃十人。玄宗東西驅突，風回電激，所向無前。吐蕃功不獲施，其都滿贊咄尤此僕射也。」足見玄宗在比賽時的英姿煥發。

馬球活動不單只是娛樂性質，更兼有軍事訓練的目的。唐代詩人閻寬〈溫湯御球賦〉提到，天寶六載（747）十月，唐玄宗下詔：「蹴鞠之戲者，蓋用兵之技也。武由是存，義不可舍。頃徒習於禁中，今將示於天下。」甚至《資治通鑑》記載，唐僖宗於廣明元年（880）三月，召左金吾大將軍陳敬瑄、左神策大將軍楊師立、牛勗、羅元杲等，「令四人擊球賭三川，敬瑄得第一籌，即以為西川節度使」，也就是以馬球比賽的勝負，來選拔節度使的人選。可見，馬球成為唐代宮廷貴族與官員，無論男女都熱衷的娛樂活動，陝西西安的章懷太子墓壁畫中，也有「馬球圖」的畫像。而唐代墓葬之中，也有不少手持球桿、騎馬的陶俑形象。特別的是，由於馬球競技比賽，動作迅速而複雜，為避免馬尾的相互纏繞，造成危險與意外，馬球比賽馬匹的尾端，通常會予以剪短，或綁起，這些都出現在畫卷或陶俑的表現上。

不過，由於馬球具有高度的危險性，常有腿斷、傷殘或致死的情形，《新唐書》記載，周寶曾以精湛的馬球技術，獲得唐武宗的賞識，擢升為金吾將軍，卻也因馬球比賽而傷殘一目。魏博節度使田承嗣之子田維，與友人李寶正比賽馬球，卻因彼此競爭激烈，而被受到驚嚇的

馬匹給撞死，田承嗣得知後，囚禁並鞭殺李寶正。唐末宣武軍節度使朱溫之子朱友倫，宿衛宮中時，也因為擊鞠墜馬而死，朱溫大怒，以為是唐昭宗蓄意謀害，遂發兵包圍唐昭宗。因此，對於馬球運動的危險性，韓愈曾提出「（馬球）有危墮之憂，有激射之虞，小者傷面目，大者殘形軀」等危險，予以勸諫皇帝。唐代之後，馬球逐漸式微，進而轉化為蹴鞠、搥丸等，較為靜態的休閒娛樂活動。

3. **行進的漩渦陣列**：〈便橋會盟圖卷〉內容的前段、中段，各出現一次騎兵行進時，排列成類似漩渦狀的陣列，看似特別，但比較其他圖像可以發現，這種漩渦狀的陣列，應該是遊牧民族的風俗與習慣。清代乾隆時期的宮廷畫家金昆等人，繪有〈冰嬉圖〉，描寫乾隆皇帝檢閱滿州八旗將士，在冬天走冰場景。而〈冰嬉圖〉的行進陣列，如同〈便橋會盟圖卷〉的描繪，也呈現出類似漩渦狀的陣列。「冰嬉」，是女真族舊有的習俗，穿著類似護具、冰刀鞋等的裝備，在冰面上訓練行走，同時具有軍事訓練的目的，清高宗乾隆皇帝就提到：「國俗有冰嬉者，護膝以韨，牢韝以韋，或底含雙齒，使齧凌而人不踣焉；或薦鐵如刀，使踐冰而步愈疾焉。」清代《日下舊聞考》也記載，在皇宮的西苑太液池，有「冬月則陳冰嬉，習勞行賞，以簡武事，而習國俗云。」所以，突厥與女真等遊牧民族，都有相似的風俗與習慣，因此在圖像上都呈現出漩渦狀的陣列。

(二)遊牧民族服飾與髮式

　　畫卷內容雖然是依照歷史事件，描繪突厥人的形象，但據研究考證，是比較偏向於西夏党項人，或女真人的服飾與髮式造型。特別在髮式的表現上，呈現了遊牧民族共通特色的髮式，主要都是以剃髮為主，或只留兩側頭髮，或頭頂全部剃光，或將幾股頭髮，編成一條或數條的髮辮。這些都代表遊牧民族與農業民族，對於不同髮式的文化與價值觀。

　　遊牧民族的髮式，習慣剃髮、散髮，甚至是將頭髮結辮，《史記‧西

南夷列傳》記載當時西南方少數民族「皆編髮，隨畜遷徙」。《淮南子・齊俗訓》也提及「胡貉匈奴之國，縱體施髮」；而南北朝時期，鮮卑人的髮式，以編髮為辮，狀似繩索，則稱為「索頭」。所以遊牧民族剃髮、散髮、編髮的情形，極為常見。從〈便橋會盟圖卷〉的內容，畫面所表現的突厥髮式，多以剃髮、散髮的姿態，或戴以皮帽、頭巾等，比較少呈現結辮的情形。

農業民族的髮式，則與遊牧民族有所不同，一般通常是不剃髮，而採用束髮，因此成年男子有「冠禮」、成年女子有「笄禮」，都是束髮之後，再戴以冠帽，最後以簪、釵予以固定，作為男女成年的象徵。主要是依循《孝經》：「身體髮膚，受之父母，不敢毀傷，孝之始也」的精神。所以，重視頭髮的完整性，是農業民族的特色，除非必要，絕不剪髮、不剃髮，相較之下，若是被施以剃髮、去髮，除了宗教因素的僧人、道士等特殊身分之外，就是給予犯罪者的處罰，例如「髡」髮，就是剃光頭髮的一種刑罰，同時具有羞辱與懲罰之意。

此外，圖卷畫面中代表突厥的党項人與女真人裝扮，還有皮帽、氈笠、頭巾等不同樣式，有時還手持圓月旗，其中頡利可汗在渭水便橋旁的形象，則是頭戴頭巾，這些不同的帽子，都反映出草原氣候溫差較大的生活環境。

㈢便橋會盟

圖卷的最末段，主要是表現出渭水便橋會盟的場景。在便橋的右側，是突厥頡利可汗與其部眾，而頡利可汗的形象，則是頭戴頭巾，跪拜在地上。顯然畫家陳及之的描寫，主要是採用《舊唐書・太宗本紀》的官方記載，將突厥頡利可汗因大懼而請和的樣貌，加以呈現出來。

在便橋的左側，首先出現前導的兩隊步軍將士，共十四位，腰間配劍，手持大旗，緩緩向便橋的方向進發。而後的車駕、旌旗、傘蓋等儀仗盛容，但是唐太宗的身影，並未被清楚的表現出來，從車駕與護衛的緩緩

行進，畫家陳及之則似乎有意表現出，唐太宗從容不迫的政治才能與外交手腕。

　　至於唐太宗的眞實容貌爲何？畫家陳及之並未加以清楚表現，但在唐代畫家閻立本的〈步輦圖〉，則如實描繪了唐太宗的眞實容貌。歷代帝王的眞實畫像，一般稱爲御容寫眞像，在唐代並不多見，有些歷代的皇帝容貌，都是出自於後人的想像與臆測，著名的畫家閻立本（601-673）曾繪有〈歷代帝王圖卷〉，然而所畫的從漢代到隋代的十三位帝王，並非眞實的樣貌，全部都是出自閻立本的自身想像，所以容貌多有相似之處，幾乎是同一個模子翻刻。然而，閻立本的〈步輦圖〉則不同，目前研究認爲〈步輦圖〉是描寫貞觀十五年（641）春，吐蕃松贊干布（約629-650年在位）派相國祿東贊，到唐朝和親，並於長安迎娶文成公主，而唐太宗則端坐在步輦上，接見祿東贊。〈步輦圖〉所繪的唐太宗，依據考證是眞實的御容像，其中鬍子上翹是重要的特點，目前的研究認爲，這是遊牧民族容貌的特徵，而此圖同時也是目前少見的唐代帝王御容寫眞的眞實畫像。

二、圖卷題材的流變

　　從整體〈便橋會盟圖卷〉的畫面內容與表現來看，畫家陳及之創作的動機可能主要著重在：歷史事件描述、民族融合等兩部分。

1. 關於歷史事件描述：主要是依據《舊唐書・太宗本紀》官方史料的記載立場，欲表現出唐代初期，突厥頡利可汗率領大軍，直抵首都長安附近的便橋，最後由唐太宗親率六騎前來，責以頡利可汗背信負約，使頡利可汗感到羞愧，簽訂盟約之後，然後退出唐朝邊境。這樣的官方敘述，表現出唐太宗的宏大氣魄與外交手段。歷代都有類似「便橋會盟」的史事畫作，根據現存書畫圖錄的記載，歷朝畫家的相關作品有：宋代畫家劉松年（1131-1218），繪有〈便橋圖〉、〈便橋見虜圖〉、〈便橋會盟圖〉等，傳李公麟也有〈便橋會盟圖〉；而明代佚名畫家，則有〈便橋見虜圖摹本〉。可見畫家藉由歷史事件的描繪，

或記錄重大的軍事衝突事件，有助於達到勸誡或激勵的政治作用。

2. **關於民族融合的敘述**：依據陳及之〈便橋會盟圖〉的內容來看，並沒有將歷史記錄的雙方軍事衝突，或大軍壓境的肅殺氣氛與緊張感，給強烈的展現出來，反而是表現出隊伍行進間的舞旗、弄丸、倒立、拋接等，類似娛樂百戲的活動情形。因此〈便橋會盟圖〉圖像背後，或許不是著重歷史於軍事衝突，而是表現民族融合的敘述。而此類民族融合的畫作主題，常見的有以「王昭君出塞」，與「職貢圖」為主題的作品。

⑴ **關於以「王昭君出塞」為主題的作品**，大致有：宋代宮素然〈明妃出塞圖〉、明代仇英〈明妃出塞圖〉。以描寫蔡邕之女蔡琰為主題的金代張瑀〈文姬歸漢圖〉、明摹本〈胡笳十八拍文姬歸漢圖〉等。

明代仇英〈明妃出塞圖〉，繪描王昭君出使匈奴，跋涉塞外情景，王昭君端坐在馬車輪內，頭戴皮冠，身披毛皮斗篷，面對風霜的神態。馬首則是牽輪護送的兩位漢族將士，侍女坐在王昭君對面，懷抱琵琶，印襯王昭君的形象。前導將士腰佩箭囊，策馬前進，旁有獵犬疾奔，整體突顯了塞外的情境。

明摹本〈胡笳十八拍文姬歸漢圖〉，是描繪東漢末年文學家蔡邕之女蔡琰，於戰亂中被匈奴人擄去，十二年後才由曹操派人接回中原的故事。畫卷依唐代詩人劉商〈胡笳十八拍詩〉所繪，以連景敘事方式逐一呈現。全圖採勾線為主，設色淡雅。「文姬歸漢」題材特別風行於南宋時期，主要是紹興十一年（1141），宋金締結盟約，暫時中止多年的征戰，並迎回高宗生母韋太后，因此宮廷畫家多以此題材，藉古喻今，迎合皇帝。

不管是「明妃出塞」或「文姬歸漢」等作品主題，都是描寫與域外民族的政治聯姻或通婚的故事，藉以將傳統文化傳播到域外各民族，並著重於民族交流與融合的背後意涵。

(2) **關於「職貢圖」為主題的作品**，職貢圖、款塞圖等作品，主要是歷代描繪記載域外民族與周邊國家進貢時，各國進貢的方物特產，以及貢使的長相與服飾等，這些都是「職貢圖」主題的繪畫內容。而南朝梁蕭繹〈職貢圖〉、唐代閻立本〈職貢圖〉、唐代周昉〈蠻夷執貢圖〉、宋代李公麟〈萬國職貢圖〉、宋代畫家〈景德四圖：契丹使朝聘〉、元代任伯溫〈職貢圖〉、清代金廷標〈職貢圖〉等，都是類似的作品，其中以閻立本〈職貢圖〉最為著名。

閻立本，唐代畫家，擅長繪畫人物、車馬、樓閣，傳為〈職貢圖〉的作者，圖寬61.5公分、長191.5公分，現藏臺北國立故宮博物院，是描寫唐太宗時期，南洋婆利、羅剎、林邑等三國使者，陸續至唐代朝貢的情形，共約二十多人，人物身形大小不同，以及籠子、大瓶、象牙、異石等進貢的物品。閻立本〈職貢圖〉主要是描寫作為天朝上國，接受四方來朝的場景，同時也描繪出唐代社會當時人們眼中，對外國人形象的想像。

3. **繪畫風格與筆法**：從〈便橋會盟圖卷〉的筆法與風格看，採用的是白描法，整體構圖與〈免冑圖〉頗為相似。〈免冑圖〉是相傳北宋畫家李公麟（1049-1106）的作品，描寫永泰元年（765），唐代宗剛剛即位不久，曾經平定安史叛軍立下大功的回紇將領僕固懷恩（？-765），因為受到宦官的陷害，不得已叛離唐朝，並引回紇、吐蕃、羌、渾等部落，集結三十萬聯軍，掠奪涇陽、邠陽等地，京師大震，甚至進兵京師長安附近的涇陽。由於唐朝軍隊寡不敵眾，難以抵擋，當時的郭子儀（698-781）決定以自己威望，前去向回紇軍隊談判。其子郭晞苦諫不已，但是郭子儀認為，當時曾與回紇交厚，不如挺身說服，可以不戰而平息紛爭。於是率領數十騎，並親自「免冑釋甲，棄槍而進」，表示自己的誠心，前往回紇敵營勸說，回紇諸將領震懾於其威望，又受到誠心的感動，所以皆下馬拜伏，握手飲酒言歡，盟誓定約。甚至與唐朝軍隊，合力大破吐蕃，終使長安解除危難。〈免冑圖〉特別突

顯回紇將領藥葛羅，跪拜於地，然後罷兵言和。

　　〈免冑圖〉描寫郭子儀以膽識、心誠，勸退回紇將領，進而解決軍事紛爭的敘事結構，被陳及之挪移到〈便橋會盟圖卷〉。〈便橋會盟圖卷〉在描繪突厥頡利可汗，跪拜於地的景象，與〈免冑圖〉藥葛羅的形象，以及白描筆法的呈現，都頗為相似，顯然畫家陳及之在描繪創作時，似乎有意仿效李公麟的筆法與表現。陳及之則將頡利可汗，一如回紇將領藥葛羅，跪拜於地，所不同的是，並未將唐太宗描繪出來，而是隱身在卷末山林之後，顯示出不凡的氣度。

三、便橋會盟的歷史記載

　　陳及之所繪的〈便橋會盟圖卷〉，呈現的歷史事件的圖像，顯然是以《舊唐書・太宗本紀》的官方史料為基準，但是否符合歷史事實？兩者之間，其實還有很多值得再深入討論。

㈠便橋會盟的歷史事實與記錄

　　便橋會盟事件的發生，根據《舊唐書・太宗本紀》記載，是在武德九年（626）八月，「突厥頡利至於渭水便橋之北，遣其酋帥執失思力入朝為覘，自張形勢，太宗命囚之。親出玄武門，馳六騎，幸渭水上，與頡利隔津而語，責以負約。……由是大懼，遂請和，詔許焉。」此處文獻的記錄，是說明唐太宗李世民得知突厥大軍來到，僅率領六人，前往渭水與頡利對談，責其背約，使頡利愧疚而請和。這樣的官方論述，是元代畫家陳及之所接受，所以如實的描繪在畫卷上。

　　而李世民責備頡利的背約，其實透露出唐高祖李淵（566-635）起兵之時，為了取得當時勢力強大的突厥幫助，採用向突厥稱臣的權宜之計，也就是《舊唐書・劉文靜傳》所記載：「（唐公李淵）願與可汗兵馬同入京師，人眾土地歸唐公，財帛金寶入突厥。」此與《大唐創業起居注》所提及：「我（李淵）今大舉義兵，欲寧天下，遠迎主上還。共突厥和親，

更似開皇之時，豈非好事，且今日陛下雖失可汗之意，可汗寧忘高祖之恩也，若能從我，不侵百姓，征伐所得，子女玉帛，皆可汗有之。」兩者記載相同。因此，李世民指責頡利的背約，是指之前李淵向突厥稱臣的條件，即雙方互不侵犯約定，進而點出李淵向突厥稱臣的往事。

因此，在唐代官方史料，基本論述都以《舊唐書》為主，但是《唐語林》則有不同的記載，《唐語林》指出：突厥四十萬大軍來到渭橋，受到突厥精騎的數日挑戰，但長安守軍只有數萬人，李世民為此苦惱。之後，李靖（571-649）建議「請傾府庫，邀其歸路，帝從其言，突厥兵遂退。」此處的「傾府庫」，顯然是用盡了所有財寶，才讓突厥退兵，與《舊唐書》所謂唐太宗「馳六騎」的英勇形象有所差異。

(二)突厥進逼長安的時間

突厥進逼長安的時間點，為何選在武德九年（626）八月？是偶然的？還是刻意的？而這個時間點又具有何種特別意涵？

從歷史發展來看，武德九年（626）七月的唐代宮廷內部，剛剛發生了「玄武門之變」，李世民殺害大哥太子李建成、三弟李元吉，並派尉遲恭以護衛的名義，入宮監視父親李淵，這是唐初重大的奪嫡政爭與內亂事件，由於官方史書或刻意掩蓋，或被刪改，導致史料諸多空白。而李淵從此事變當中，已經看出李世民的心機與算計，於是隨即改立李世民為太子，並在事變三天之後，下詔曰：「自今軍國庶事，無大小悉委太子處決，然後聞奏。」兩個月之後，李淵自動退位，成為太上皇，李世民則即位為新皇帝：唐太宗。而「玄武門之變」事件始末，雖在唐初被掩蓋真相，但是後人仍舊從蛛絲馬跡的史料中，抽絲剝繭的予以還原歷史真相。

因此，突厥頡利可汗在武德九年（626）八月進攻長安，直達渭水便橋附近，可能是獲得唐朝內部動盪的消息，所以趁其國力虛弱與混亂之際，藉機率兵進入唐朝邊境。

(三)玄武門之變的影響

　　「玄武門之變」是唐太宗李世民一生之中，無可迴避的最大汙點與缺失，而他自己也深知此點，所以在即位之後，採取了形象塑造與刪改事實的方法，企圖彰顯聖君的形象。

1. **形象塑造**：是刻意突顯自己在政治舉措上，接納諫言、關心國政，以達到明君的完美形象，例如除夕夜縱放死囚、觀看《起居注》、敬重正直的諫臣、推崇十八學士、圖繪凌煙閣二十四功臣等，都是塑造自我才能、任用賢才等，聖明仁君的正面形象。其中以政治手段，寬容厚待原太子東宮臣僚：王珪、魏徵、薛萬徹等，而王珪與魏徵都以直言善諫著名，薛萬徹則以武勇著稱。另外，在貞觀六年（632）十二月除夕曾縱放死囚，根據《舊唐書》記載：「十二月辛未，親錄囚徒，歸死罪者二百九十人於家，令明年秋末就刑。其後應期畢至，詔悉原之。」也就是除夕夜縱放死囚，隔年新春之後，死囚全數回到獄中就刑，最後被唐太宗嘉獎，全部免除死刑。此縱囚事件，曾被歐陽修的〈縱囚論〉，大肆批評唐太宗的矯情，也就是「上下交相賊」的政治權術與手段，目的就是要塑造自我正面的形象。不過，也因為李世民在政治上的高度關注、任用有才能的官吏，使得初唐的政治社會，達到所謂的貞觀之治。

2. **刪改事實**：是唐太宗利用政治手段在官方史書與記錄上，對自己不利的地方，採用掩蓋或扭曲的刪改方式，特別是將太子李建成（589-626）在唐朝建立之初，拒守潼關、擊敗劉黑闥、平定山東等諸多重要的軍事戰功，予以一筆抹殺，甚至過度醜化太子李建成、三弟李元吉（603-626）的形象。例如《舊唐書》記載當時太子李建成與李世民飲酒作樂，欲企圖加以毒殺，致使李世民吐血數升。之後，更在《舊唐書・高祖二十二子傳》寫道：「建成、元吉，實為二凶。中外交構，人神不容。」刻意極度醜化兩人的形象。司馬光《通鑑考異》就明白

指出，官方史書對李建成記載失真的問題：「《高祖實錄》曰：建成幼不拘細行，荒色、嗜酒、好畋獵，常與博徒遊。……按建成、元吉雖爲頑愚，既爲太宗所誅，史臣不能無抑揚誣諱之辭。今不盡取。」當然這些不實且污衊的記載，仍然被後世學者所質疑，進而逐一考證出來。

爲了確認史官的撰寫，是否有不利於自身的記錄，唐太宗還刻意觀看起居注。《資治通鑑》記載，貞觀十七年（643）七月，唐太宗向監修國史的當朝宰相房玄齡，下令要求觀看他本人與父親李淵的實錄：「朕之爲心，異於前世。帝王欲自觀國史，知前日之惡，爲後來之戒，公可撰次以聞。」根據傳統史官的制度，當朝皇帝是不能觀看記載本人言行的起居注與實錄，以免皇權干涉客觀的歷史記錄。然而唐太宗之舉，正是有意監督史官的撰寫，進而刪改不利於自身的各種記錄。因此，刪改事實的官方記載，都是爲了解釋玄武門之變發生的合理性，以及李世民繼承與奪取帝位的正當性。

3. **對唐代政局影響**：關於玄武門之變的直接影響，首先是唐太宗李世民的兒子們，模仿了玄武門奪權的行爲，再次釀成兄弟鬩牆的奪嫡事件。在唐太宗的晚年，根據皇位的嫡長子繼承法則，已經冊立長子李承乾（618-645）爲太子，但是四子魏王李泰（620-653），備受父親的關愛而「寵冠諸王」，《貞觀政要》更記載：「聰敏絕倫，太宗特所寵異。」所以，李泰也認爲自己具有才華、能力，更適合當皇帝。

太子李承乾則鑑於玄武門之變的陰影，深怕再次釀成事變，甚至失去帝位與自己的性命，於是太子與魏王兄弟兩人，陷入奪嫡的漩渦之中，且衝突不斷，牽動不少朝廷官員陷入爭政。面對兩個兒子的權力爭奪，唐太宗心生無奈，卻又無法解決，《太平御覽》甚至提及其「自投於床，抽佩刀欲自刺」的情景。《資治通鑑》記載，太子李承乾與漢王李元昌、兵部尚書侯君集等人，最後試圖謀反奪取帝位，事敗，於貞觀十七年（643）四月，被廢爲庶人。

太子被廢，唐太宗有意改立魏王李泰，但被群臣反對。最後爲了保全李承乾、李泰兩位兒子，決定改立個性溫和的第九子晉王李治，是爲唐高宗，但卻也無意間接促使武則天，走向了政治舞臺。

㈣帝王繼承制度的影響

玄武門之變對後世所造成的影響，是對「父死子繼」的嫡長子繼承法則嚴重破壞，進而影響後代的皇位繼承。造成一些有能力的親王或宗室，總想以權力、政變爭奪皇位，也就是後世所謂的奪嫡事件，並影響國家社會的穩定秩序。歷史上最著名的有：明成祖朱棣（1360-1424）從姪子建文帝朱允炆（1377-？）搶奪皇位，是爲「靖難之變」然而晚年他的三個兒子：太子朱高熾、二子漢王朱高煦、三子趙簡王朱高燧，也同樣爲了皇位，引起多次的明爭暗鬥。明成祖雖然曾一度想將皇位傳給二子漢王，最後在朝臣的勸說，以及權衡輕重之下，仍將皇位傳給太子朱高熾，是爲明仁宗（1378-1425）。

另外，清聖祖康熙皇帝（1654-1722）的晚年，因爲原本太子胤礽品行不佳，在兩廢太子之後，終於引起其他皇子的爭奪皇位，史稱「九子奪嫡」。於是四子胤禛、十三子胤祥；與八子胤禩、九子胤禟、十子胤䄉等，各自結黨，相互爭奪皇位。之後，十四子胤禵也牽涉之中，使諸皇子奪嫡之爭更爲混亂。最後，則由四子胤禛勝出，即位爲清世宗雍正皇帝（1678-1735）。

因此，傳統的嫡長子繼承法則，是爲了確立皇位繼承的穩定性，但玄武門之變所造成破壞，釀成了奪嫡事件，也使得歷代後世爲了爭奪皇位，不斷上演兄弟鬩牆、骨肉相殘的事件。

第四章

性別文化與流行的〈虢國夫人遊春圖〉

　　唐代是多元開放的社會，特別是女性，相較於傳統社會，在唐代更能擁有自我展現的權力，從〈虢國夫人遊春圖〉所呈現的唐代女性服飾、妝容等流行風尚，背後所反映出的性別意識，代表著唐帝國國勢強盛的側寫，包括接納多元、開放自由的社會文化形態，也引起女性積極參與政治活動的風潮。另外，在同時期描繪女性的〈簪花仕女圖〉、〈搗練圖〉等畫作，也都呈現出同樣的社會風情，有異曲同工之妙。

一、畫作的版本

　　〈虢國夫人遊春圖〉原為唐代畫家張萱所繪，真跡已經亡佚，只留下宋代摹本，目前最著名的宋摹本有二：一件是宋摹本〈虢國夫人遊春圖〉，絹本，設色，寬52公分，長148公分，現藏遼寧博物館。另一件是李公麟的〈麗人行〉，絹本，設色，寬33公分，長113公分，現藏臺北故宮博物院。此兩件作品，同中有異、異中有同，最主要的是描繪順序，與結構稍有不同；宋摹本〈虢國夫人遊春圖〉是前面為首一騎、中間二騎、最後並行五騎；而李公麟所繪的〈麗人行〉，是依據杜甫〈麗人行〉的詩意繪製，整體畫面則是順序變動，前面為首一騎、中間並行五騎、最後二騎。女性以高腰襦裙、披肩，與高髻等髮式為主；男性以頭戴樸頭、身著圓領衣袍為主。

　　整體來說，〈虢國夫人遊春圖〉與〈麗人行〉兩幅作品，同樣都是八騎九人，描繪出唐代貴族盛裝出遊的場景。根據目前的研究，一般多認為

宋摹本〈虢國夫人遊春圖〉，是比較接近唐代真跡，因此將以此幅作品予以討論。

　　作品名稱既為〈虢國夫人遊春圖〉，主角當然就是「虢國夫人」，而虢國夫人是誰？她其實是楊貴妃的三姐。根據歷史的記載，由於楊貴妃（719-756）受到唐玄宗（685-762）的喜愛，她的三位姊妹，也同時受到皇帝的眷顧，據《舊唐書・后妃傳上》記載：「（楊貴妃）有姊三人，皆有才貌，玄宗并封國夫人之號，長曰大姨，封韓國。三姨，封虢國。八姨，封秦國。並承恩澤，出入宮掖，勢傾天下。……自是寵遇愈隆，三夫人歲給錢千貫，為脂粉之資。」甚至唐玄宗每年十月前往華清宮，楊氏姊妹與楊國忠等，五家扈從，每家為一隊，各穿著一種鮮豔顏色的衣飾，五家合隊並行，照映如百花煥發，可見其權勢熏天。杜甫（712-770）〈麗人行〉一詩寫道：「三月三日天氣新，長安水邊多麗人。態濃意遠淑且真，肌理細膩骨肉勻。繡羅衣裳照暮春，蹙金孔雀銀麒麟。頭上何所有？翠微盍葉垂鬢唇。背後何所見？珠壓腰衱穩稱身。就中雲幕椒房親，賜名大國虢與秦。」就是描寫楊家姊妹之中，虢國與秦國夫人的風華與驕奢，而傳世李公麟〈麗人行〉的絹本作品，就是以杜甫之詩為名。

　　其中，虢國夫人就是楊貴妃的三姐，楊氏姐妹受到唐玄宗寵信，權傾天下、生活奢華。同時也記載，虢國夫人生而美艷，不喜愛當時宮中貴婦所流行的濃妝豔抹，反而平時僅以淡妝，展現出對美貌的絕對自信，因此唐代詩人張祜（785-849）的〈集靈臺詩〉有：「卻嫌脂粉污顏色，淡掃蛾眉朝至尊」的描述，就是描寫其容貌的出眾。而宋摹本〈虢國夫人遊春圖〉的內容，也是呈現虢國夫人以淡妝的容貌形象，加以呈現。

二、畫作的內容與表現

　　從〈虢國夫人遊春圖〉的畫作中，有許多的線索，顯示出畫面中人物的地位與形象，主要可以分成女性髮髻的樣式、馬匹外觀的裝飾兩部分：

1.**女性髮髻的樣式、大小**：唐代社會之中，女性的髮髻大小、樣式，代

表未成年與否、婚配與否，以及地位尊卑。傳統社會的女性與男性，都有成年禮，男性成年禮稱為「冠禮」，女性成年禮稱為「笄禮」，而笄禮就是以飾件，將頭髮盤起固定，形成髮髻。《禮記・雜記》所謂：「女子十有五年許嫁，笄而字」，笄禮之後，才可以取表字、論及婚嫁，因此傳統社會稱未婚少女為「待字閨中」。一般而言，唐代女性在成年後或婚配後，才能梳成髮髻，而且髮髻樣式越特別、越華麗，代表身分地位越尊貴。

從〈虢國夫人遊春圖〉畫中，髮髻較為華麗的，是最後並行五騎的前兩位，她們的髮髻樣式，是接近當時流行的「墮馬髻」，而且著高腰襦裙、帔帛披肩，顯見其身分的尊貴。至於後方的年長女性，雖有較高的髮髻，但樣式不及「墮馬髻」華麗，懷中的幼女，年紀雖小，其穿著華麗，共騎皇室專用馬匹，學者一般推測幼女的地位頗高，或可能為小公主，或宰相楊國忠之女。至於其他兩位穿紅衣的女孩，髮式僅為一般的「雙丫髻」或「垂掛髻」，應是未成年女子或侍女，身分地位不高。

2. **馬匹外觀的裝飾**：〈虢國夫人遊春圖〉中的馬匹，描繪的身形體態較為壯碩，符合唐代的審美觀。從趙霖〈昭陵六駿圖〉所繪唐太宗喜愛的六匹戰馬：颯露紫、拳毛騧、白蹄烏、特勒驃、青騅、什伐赤，以及韓幹（706-783）的〈牧馬圖〉與〈照夜白〉等，都展現出了唐代馬匹體態的壯碩樣貌。而〈虢國夫人遊春圖〉的馬匹也有類似的呈現，其中兩匹馬的馬鬃，作波浪狀的樣式，是為「三花馬」，是皇家御用馬匹。宋代《圖畫見聞志》記載：「唐開元、天寶之間，承平日久，世尚輕肥，三花飾馬。舊有家藏韓幹畫〈貴戚閱馬圖〉中有三花馬，兼曾見蘇大參家有韓幹畫〈三花御馬〉，晏元獻家張萱畫〈虢國出行圖〉中有三花馬。三花者，剪騣為三瓣。」因此能騎乘三花馬，一般都是身分地位較高者。

除了「三花馬」之外，馬匹頷下胸前懸有的球狀紅纓「踢胸」，也是

馬匹尊貴的象徵。〈虢國夫人遊春圖〉的其中四匹馬，其胸前都懸有球狀紅纓的裝飾，分別是最前行的男性裝扮者、中間兩位並行的貴婦，以及後方年長女性與懷中幼女共騎者，此四者皆代表騎乘者的身分尊榮。

3. **關於「虢國夫人」的研究與討論**：對於〈虢國夫人遊春圖〉之中的「虢國夫人」究竟是哪位？根據目前的研究，最常見的兩種說法為：

    (1)**最後並行五騎的前兩位之一**，多數主流的研究認為，她們髮髻為「墮馬髻」的貴族樣式，且著高腰襦裙、帔帛披肩的華麗衣著，同時都騎有懸掛球狀紅纓「踢胸」的馬匹，都顯示出貴婦的身分尊貴。

    (2)**最前行的一騎**，她騎著「三花馬」，且馬匹胸前懸有紅纓「踢胸」，是身分地位的象徵，而戴著襆頭、身著圓領袍衫男裝的她，更是反映出唐代社會，女扮男裝的流行風尚。

    除了〈虢國夫人遊春圖〉所呈現的女性服飾、妝容等流行風尚之外，張萱〈搗練圖〉描寫十二位宮中女性，依照搗練、織線、熨燙等製作縫衣的場景，以及周昉〈簪花仕女圖〉描繪唐代宮廷的嬪妃，戲犬、慢步、看花、採花等四種日常生活形態，都如實呈現唐代貴族女性的服飾風尚，值得相互參看。

三、女性妝容的故事

　　唐代仕女的服飾與妝容裝扮，表現在髮髻、眉毛、唇脂、花鈿、斜紅、血暈妝等各方面，以及喜好女扮男裝的各種流行風氣，都說明當時仕女的妝容以爭奇鬥豔為主。

(一)髮髻

　　髮髻，是將頭髮挽於頭頂，或結於腦後，再依照梳、綰、鬢、結、盤、疊等變化而成，另搭配簪、釵、步搖、珠花等各種首飾，造型多樣而炫麗。〈虢國夫人遊春圖〉中出現的「墮馬髻」，是當時流行的貴族仕女

髮式，而且髮髻越特別，越能突顯其身分地位。除了墮馬髻之外，唐代段成式（800-863）《髻鬟品》，提及早期的髮式，僅以髮相纏而無繫縛，秦漢以來開始加以珠翠翹花等裝飾，而唐朝宮中仕女的各種髮式更趨於多樣變化：唐高祖時期有半翻髻、反綰樂遊髻。玄宗時期則有中雙鐶望仙髻、回鶻髻、愁來髻。唐代中期以後，則有歸順髻、鬧掃妝髻、墮馬髻、盤桓髻、驚鵠髻，拋家髻等。這些炫麗樣式與多種名稱，都說明了髮髻樣式的多變。

白居易（772-846）〈時世妝〉詩提到：「圓鬟無鬢堆髻樣，斜紅不暈赭面狀。」表現出唐代仕女髮髻的各種變化。唐代初期的髮髻，樣式簡單，且較為低平；中期以後，高髻開始流行，且樣式複雜多變。元稹（779-831）也提到，當時婦女「暈淡眉目，綰約頭髮，衣服修廣之度及匹配色澤，尤劇怪豔」。甚至還有「髻鬟峨峨高一尺，門前立地看春風」，突出高聳的髮髻形式。髮髻上通常有簪、釵、步搖等飾品，多以玉、金、銀、玳瑁等材料製成，技藝精美，讓貴族仕女隨步時搖動，倍增韻味。

高髻的流行，代表社會了奢華的風氣，白居易〈進士策問〉曾說「聞廣袖高髻之謠，則知風俗之奢蕩也。」而注重儉樸的唐文宗，則曾經發布禁止高髻的詔令，《新唐書‧車服志》記載：「婦人衣青碧纈、平頭小花草履、彩帛縵成履，而禁高髻、險妝、去眉、開額，及吳越高頭草履。」但是仍無法禁止女性追求高髻的流行風氣。於是有元稹（779-831）〈李娃行〉的「髻鬟峨峨高一尺，門前立地看春風」的描寫。

由於髮髻是當時女性裝扮的流行風尚，而髮量不足時，難以整理成髮髻，於是替代的假髻出現了。「假髻」又稱「義髻」，亦即假髮，只要架接上假髮，就能理出多樣的髮髻與高髻。楊貴妃也是假髮的愛好者，天寶初年楊玉環被封為貴妃後，常以假鬟為首飾，又因喜歡穿黃裙，所以《新唐書‧五行志》記載當時人稱為：「義髻拋河裡，黃裙逐水流。」此處的「義髻」就是假髻、假髮，可見楊貴妃使用假髻的數量甚多，也代表當時

假髻使用的風氣與流行。

　　高髻與假髻的流行，還延續到宋代初期，曾鞏（1019-1083）〈假髻行〉詩：「東家美人髮委地，辛苦朝朝理高髻。西家美人髮及肩，買裝假髻亦峨然。」描寫了鄰家的兩位女子，為了整理髮髻，展現容貌的情景，說明了宋初還保有唐朝服飾的習慣。

㈡眉毛

　　眉毛的樣式，是女子姣好容貌的重要代稱，《詩經》所謂：「手如柔荑，膚如凝脂，領如蝤蠐，齒如瓠犀，螓首蛾眉，巧笑倩兮，美目盼兮。」蛾眉指的就是眉毛。從秦漢時期以來，就流行細長而彎的「蛾眉」、濃重如臥蠶的「廣眉」、形如八字下垂的「愁眉」以及細長連心的「長眉」等。東漢時期甚至一度流行濃厚的廣眉，《後漢書》記載當時歌謠為：「城中好高髻，四方高一尺；城中好廣眉，四方且半額。」由此可以想見，廣眉是如何的濃厚。

　　除了眉毛的形制、大小、粗細之外，還有顏色也各有不同。南北朝的南朝曾盛行翠綠的眉毛，南朝梁的費昶〈采菱詩〉有：「玉面不關妝，雙眉本翠色」，之後隋朝則改用濃黑色的「眉黛」。而隋煬帝的貴妃吳絳仙，因擅畫蛾眉，使用波斯出產的「螺子黛」，蘸水即可使用，能畫出細長深色的長蛾眉，因此極為受到煬帝寵愛，顏師古（581-645）《隋遺錄》記載：「絳仙善畫長蛾眉，帝色不自禁，回輦召絳仙，將拜婕妤。……日給螺子黛五斛，號為『蛾綠』，螺子黛出波斯國，每顆值十金。後徵賦不足，雜以銅黛給之，獨絳仙得賜螺子黛不絕。」可見螺子黛的豔麗，卻也價值不斐。

　　唐代名妓瑩姐，曾每日畫一種眉毛的形式，文人為之作〈百眉圖〉、〈修眉史〉。而唐玄宗也好眉癖，令畫工作〈十眉圖〉歌詠，包括鴛鴦眉、小山眉、五嶽眉、垂珠眉、月棱眉、分梢眉、涵煙眉、拂雲眉、倒暈眉等。唐末詩人張泌《妝樓記·十眉圖》，則記載：「明皇幸蜀，令畫工

作十眉圖，橫雲、斜月，皆其名。」明代才子楊慎（1488-1559）在《丹鉛續錄・十眉圖》，更詳細記載十眉的樣貌：「一曰鴛鴦眉，又名八字眉；二曰小山眉，又名遠山眉；三曰五嶽眉；四曰三峰眉；五曰垂珠眉；六曰月棱眉，又名卻月眉；七曰分梢眉；八曰涵煙眉；九曰拂雲眉，又名橫煙眉；十曰倒暈眉。」可見各種多樣而華麗的眉形、顏色，都受當唐代女性的歡迎與學習。

(三)唇脂

　　唇脂，即是現代的塗口紅，唐代的唇脂又稱「點絳唇」，主要是用深紅色為主，多以「點、注、勻」的方式塗上，唇脂並非依照唇形而完全描繪，而是只有唇形的一部分，即所謂的櫻桃小嘴。唐代的唇脂與唇式，根據唐代宇文士及（572-642）所輯的《妝臺記》，有：胭脂暈品、石榴嬌、大紅春、小紅春、嫩吳香、半邊嬌、萬金紅、露珠兒、天宮巧、洛兒殷、淡紅心、媚花奴等數種。而唐代詩人白居易的「櫻桃樊素口，楊柳小蠻腰」、岑參的「朱唇一點桃花殷，宿妝嬌羞偏髻鬟」等詩句，都是形容唐代美女唇脂的小巧可愛。另外，白居易曾對中唐時期的女性流行時妝，描寫到「烏膏注唇唇似泥」，也就是黑色厚重的烏膏，作為唇脂的表現，實為新穎奇特的流行風尚。

(四)斜紅、花鈿、血暈妝

　　斜紅：即在眉尾至兩鬢之間的，靠近太陽穴處，用胭脂描繪紅色彎月圖案的面妝，有時用胭脂點染出血跡的樣貌。五代後蜀張泌《妝樓記》記載，是來自於魏文帝曹丕宮人薛夜來的故事：「（薛）夜來初入魏宮，一夕，文帝在燈下詠，以水晶七尺屏風障之。夜來至，不覺面觸屏上，傷處如曉霞將散，自是宮人俱用胭脂仿畫，名曉霞妝。」由於臉龐鬢角間，因撞傷而形成傷痕，薛夜來巧妙地以胭脂予以遮掩，成為彷彿朝霞將散的樣子，加上薛夜來深得皇帝寵愛，於是反而成為宮人仿效的妝容，之後就演變為斜紅形式。

　　花鈿：施於眉心之間的裝飾，又名「花子」、「媚子」，除圓形外，另有花瓣、雲朵、火焰等種種繁複的形狀。一說女性額頭貼花鈿，起自於秦漢時期貴族與宮人的妝扮，流傳至北周，宮人常貼五色雲母花子，作為臉上的裝飾，這樣的妝容特色延續到隋唐。另有記載，花鈿形式的改良，是來自於上官婉兒，唐代段成式《酉陽雜俎》：「今婦人飾用花子，起自唐昭容上官氏所製，以掩黥跡。」如同類似斜紅一樣，原本都是為了掩飾臉上的傷口或瑕疵，而加以修飾補妝，卻反而成為特殊的流行妝扮。

　　宋代以後，仍模仿唐代花鈿的樣式，根據《妝臺記》補記的記載：「宋淳化（太宗）間，京師婦女競翦黑光紙團團靨，又裝縷魚腮骨，號『魚媚子』，以飾面，皆花子之類耳。」而宋代的皇后與嬪妃們，喜愛將珍珠貼在臉上，稱為「珍珠花鈿妝」。無論珍珠花鈿妝、魚媚子等妝扮，都是仿花鈿的妝容樣式，但在用色方面，則不如唐代豔麗，而是增添更多的典雅。

　　血暈妝：中唐的穆宗長慶年間（821-824），所流行的仕女新式時妝，主要是「京城婦人去眉，以丹紫三四橫，約於目上下」，剃眉之後，在臉頰兩側，用紅色、紫色畫三、四橫。此外，還有宮中嬪妃輩在兩頰，施以素粉，隱約似有淚痕，稱為「淚妝」。以上，都表現出各類時妝的新奇、特異等風格。

㈤簪花與髮簪

　　簪花、髮簪：唐代仕女喜歡以鮮豔花朵，插在髮髻上，作為裝飾之用，周昉〈簪花仕女圖〉所描繪的唐代宮廷貴婦的日常生活，除女侍一人之外，其餘五位仕女，在髮髻簪上均有簪花，有牡丹、芍藥、芙蓉、海棠等花，其中牡丹是唐代最尊貴的花卉，最受貴族仕女的喜愛。唐代王仁裕（880-956）《開元天寶遺事》記載：「開元末，明皇每至春時旦，宴於宮中，使嬪妃輩爭插豔花。」另外也提及：「春時鬥花，戴插以奇花多者為勝，皆用千金市名花植于庭苑中，以備春時之鬥。」顯然簪花不僅是流

行的審美觀，也代表身分地位的象徵，可見女性在春時的「鬥花」，相互炫耀、競爭的熱鬧場景。

　　而唐代詩人李白（701-762）〈宮中行樂詞〉稱玄宗朝宮女，「山花插寶髻，石竹繡羅衣。每出深宮裡，常隨步輦歸。只愁歌舞散，化作彩雲飛。柳色黃金嫩，梨花白雪香。」，而杜甫（712-770）〈負薪行〉：「至老雙鬟只垂頸，野花山葉銀釵並」；劉言史（?-812）〈瀟湘遊〉：「野花滿髻妝色新，閑歌欸乃深峽里」等，這些所謂的山花、梨花、野花等，都是指自然的花朵，也普遍反映出唐代的女性，簪戴鮮花、真花的審美風氣與習俗。

　　另外，仕女也喜歡配戴以珠寶、金銀為裝飾的髮釵、步搖等髮飾，尤其在梳挽高髻時，髮釵更是不可或缺。髮釵主要由兩部分組成：插入頭髮內的部分，被稱為「釵股」；股的交匯之處，則稱為「釵頭」。由於釵頭顯露於外，所以有著精緻而華麗的裝飾作用，造型更是多樣豐富，因此有龍釵、鳳釵、鸞釵、鴛鴦釵、花釵、蜻蜓釵等名稱。唐代詩人張鷟（658-730）《朝野僉載》記載，長安城夜晚「少女婦千餘人，衣服，花釵、媚子亦稱是，於燈輪下踏歌三日夜，歡樂之極。」，王讜《唐語林》也提及：「長慶中，京城婦人首飾，有以金碧、珠翠、笄櫛、步搖，無不具美。」可見這些髮釵鑲有金玉、珠寶等珍寶，表現出極其華麗的多樣裝飾。

　　步搖，是裝飾在髮髻上的飾物，且配有珠串，可以隨意搖動，因隨著走路時的步履擺動，而會不停搖曳，故稱之為「步搖」。唐代女性使用步搖也極為普遍，王讜《唐語林》記載：「長慶中，京城婦人首飾，有以金碧珠翠、笄櫛步搖，無不具美，謂之『百不知』。」唐代詩人顧況〈王郎中妓席五詠〉：「玉作搔頭金步搖，高張苦調響連宵」；武元衡〈贈佳人〉：「步搖金翠玉搔頭，傾國傾城勝莫愁。若逞仙姿遊洛浦，定知神女謝風流。」都是唐代女性喜愛插戴步搖的風氣，與儀態形象的表現。

㈥女扮男裝的流行

　　唐代社會受到遊牧民族風氣的影響，富有多元文化的融合，因此有女性騎馬外出、濃妝袒胸，或緊身窄袖、女扮男裝等風氣的出現，唐高宗之女太平公主，曾於皇宮家宴中，身穿紫衫、腰圍玉帶，頭戴皀羅折上巾，一副男性武官的裝扮。特別在中唐以後，女扮男裝尤爲流行，《舊唐書‧輿服志》記載：「開元初，從駕宮人騎馬者，皆著胡帽，靚妝露面，無復障蔽。士庶之家，又相仿效，帷帽之制，絕不行用。俄又露髻馳騁，或有著丈夫衣服、靴衫，而尊卑內外，斯一貫矣。」此處的「著丈夫衣服、靴衫」，就是宮中后妃與仕女們，穿著男裝的流行裝扮。

　　之後，民間社會也受到影響，《新唐書‧五行志》提到，「天寶初，貴族及士民好爲胡服、胡帽，婦人則簪步搖釵，衿袖窄小。」於是女扮男裝的風氣，從宮廷到民間一時蔚爲時尚的流行。

　　因此，〈虢國夫人遊春圖〉的最前面的人物，騎三花馬，馬匹胸前懸有紅纓「踢胸」，都是身分地位的象徵，但這位人物雖然戴襆頭、穿圓領袍衫的男性裝扮，但額頭美人尖較爲明顯，且面容圓潤秀氣，再加上中唐以來女扮男裝的流行風氣，才會有部分研究者認爲，可能是虢國夫人所打扮。

四、性別意識與政治社會

　　唐代社會的多元文化融合，與當時遊牧、農業民族習俗的混雜，以及魏晉南北朝以來的政局變動有關。南北朝時期，因北方遊牧民族陸續建立政權，在文化習俗的融合下，陸續出現胡化、漢化的衝突與調和，也因爲在多元文化的環境氛圍，北朝的北魏政權相繼出現了女性的政治參與，例如馮太后（441-490，文明太后）、靈太后（？-528，宣武靈皇后），都反映出女性在政治地位的重要影響，與社會地位提升。而唐代社會帶來相對的開放風氣，也使得傳統對於性別的限制，漸爲寬鬆，女扮男裝的社會風氣，不僅代表著服飾的流行，更是女性在社會的地位逐漸提升。《資

治通鑑・唐紀》還提到當時的民謠：「生男勿喜女勿悲，君今看女作門楣。」比起之前傳統女性的地位與意識，唐代社會下的女性，相對顯得更加的自由開放。

　　唐代女性地位提升的原因，主要是受到傳統禮教的鬆綁、多元文化的開放、女性自覺的意識等因素，從唐代法律上婚姻關係的規定，也可以看出女性地位的提高與重視。

㈠家庭關係方面

　　《唐律疏議・戶婚律》規定：「若夫妻不相安諧而和離者，不坐。」所謂「和離」，也就是允許夫妻因為情感不和睦，或不協調，雙方態度一致而離婚，類似於現代「合意離婚」、「協議離婚」的概念；若夫妻和離，則不連帶處分雙方的父母。因為基於人口生產與勞動等因素，傳統社會要求成年男女必須組成家庭，有些朝代甚至規定，男女成年後若仍未婚嫁，就會處罰其家長。而夫妻結婚之後，也不得隨意離婚，否則不僅會處罰夫妻，也會處罰雙方的父母。但多數的情形，都是只有丈夫單方面有權力休妻或出妻，也就是常見的「七出」，相較之下妻子的權力與地位，較為弱勢。而唐代婚姻法律「和離」的規範，是對家庭中妻子權力的保護，使丈夫不能隨便休妻、出妻，甚至允許雙方協議離婚，都具有正面積極的意義。

　　唐太宗曾發布「令有司勸庶人及時婚聘詔」，規定女子十五歲以前、男子二十歲以前，都必須婚娶，寡婦、鰥夫也都必須再嫁娶，因此女性的再嫁、改嫁，在唐初即有法源依據，而唐代公主之中再嫁、三嫁的情形甚多，根據史書記載多達三十二人，民間社會也予以仿效。高祖李淵之女安定公主（又名千金公主），先嫁溫挺，溫挺死後，改嫁鄭敬玄。太宗李世民之女南平公主（？-650），先嫁王敬直，王敬直因事被貶謫嶺南，南平公主不願追隨，於是改嫁劉玄意。高宗李治之女太平公主（665-713），先嫁薛紹，又改嫁武攸暨。中宗李旦之女薛國公主，先嫁王守一，後王守

一貶謫而死，再改嫁裴巽。玄宗李隆基之女齊國公主，先嫁張垍，又改嫁裴穎，最後三嫁楊敷。雖然唐代公主改嫁的原因很多，包括病故、政爭、貶謫、犯罪等各種因素，但是改嫁、三嫁的風氣，仍為社會價值觀所接納，於是民間社會也漸受到影響。因此，也反映出唐代女性在婚姻關係上，具有其自主意識與權力。

在家庭關係方面，還間接出現「懼內」的風氣，唐代韓琬《御史臺記》曾記載，當時管國公任瑰（？-630）相當敬畏妻子劉氏，唐太宗曾以其功勞賞賜美人為妾時，任瑰怕劉氏生氣，懼而不敢接受。於是唐太宗召其妻，假裝賜以毒酒，欲以皇權的威勢，逼其接受賜妾之事，曰：「婦人妒忌，合當七出。若能改行無妒，則無飲此酒。不爾，可飲之。」劉氏回答：「妾不能改妒，請飲酒。」遂將毒酒一飲而盡，表達出寧願一死，也不接受丈夫納妾，唐太宗見此情景，也就不再多說，取消賜妾之事。由此，可以看出劉氏剽悍的個性。《御史臺記》又記載，當有官員取笑任瑰懼內時，任瑰卻不以為意的回答：「婦當怕者三：初娶之時，端居若菩薩，豈有人不怕菩薩耶？既長生男女，如養兒大蟲，豈有人不怕大蟲耶？年老百皺，如鳩盤荼鬼，豈有人不怕鬼耶？以此怕婦，亦何怪焉！」以菩薩、老虎、鬼的比喻，來說明敬畏妻子的合理性，確實是獨特的比擬與戲謔。

與任瑰相同的故事場景，也發生在《隋唐嘉話》之中，所記載的梁國公房玄齡與其妻盧氏的故事，其中賜妾、飲毒酒等敘事情節，完全如出一轍，只是《隋唐嘉話》將主角改為房玄齡，並增加結尾的唐太宗想法：「我尚畏見，何況於玄齡！」藉由唐太宗的口氣，說明盧氏所代表的女性，擁有剛強的自我個性。

除了任瑰、房玄齡之外，類似的例子還有：楊弘武、裴談等人，都是位列宰相、御史大夫等高級官員，都有敬重、敬畏妻子的懼內風氣，即使是唐高宗李治、唐中宗李顯，也不例外。《新唐書·上官儀傳》記載，武后喜好道術，且漸為跋扈，宰相上官儀建議廢后，高宗與之討論後應允，

由上官儀草詔廢后，但是武后前往質問與訴冤，高宗於是懼而反悔，反指是受到上官儀教唆，最後於麟德元年（664）賜死上官儀。《太平廣記》則提及：「唐中宗朝，御史大夫裴談崇釋氏，妻悍妒，談畏之如嚴君。時韋后頗襲武后之風，中宗漸畏之。」可見敬重、敬畏妻子的懼內風氣，在唐代社會是頗爲常見的現象。

(二)政治參與方面

女性地位的提升，反映在唐代政治社會，則是女性參與政事的頻繁。其實，在唐代以前，歷朝已有女性參與政事的事例，例如西漢的呂后（呂雉，？-前180）、竇太后（前200-前135）、王太后（王政君，前71-13），東漢的鄧太后（鄧綏，81-121），魏晉時期的北魏馮太后（441-490）、北魏靈太后（？-528）。而唐代之後，也有清代孝莊太后（博爾濟吉特氏，1613-1688）、慈禧太后（葉赫那拉氏，1835-1908）等，都說明傳統社會之中，女性參與國家政治的事例，只是基於傳統父權意識之下，這些參政的女性，大多隱身於皇帝之後，因而有「垂簾聽政」的說法。

特別是，南北朝時期的北魏馮太后攝政期間，剷除權臣太原王乙渾，協助其孫孝文帝元宏（467-499），推動漢化政策、進行中央集權，並進行均田法、班祿法等政治改革，攝政二十多年期間，對北魏政局的穩定與貢獻極大。而另一位北魏靈太后，因其子孝明帝元詡（510-528）六歲登基，而臨朝聽政，前期執政期間，北魏國勢一度蓬勃發展。因此，北魏時期的女主當政，對於後來唐代社會女性地位的提升，具有一定的影響作用。

相較於歷代的社會風氣，唐代的諸位公主，多能實際參與朝政事務，例如唐高祖李淵第三女平陽昭公主（590-623），戰功彪炳、軍功赫赫，還設立幕府，掌握軍隊，號稱「娘子軍」。唐高宗李治的小女兒太平公主（665-713），更是積極參與朝政，還於唐隆元年（710）發動「唐隆之

變」，擁立相王李旦復位爲唐睿宗。而唐中宗李顯第八女安樂公主（685-710），更要求中宗廢去太子李重俊，立自己爲皇太女。因此，《資治通鑑》記載：唐中宗神龍二年（706）：「太平、長寧、安樂、宜城、新都、定安、金城公主並開府，置官屬。」其中，太平公主就是唐中宗李顯之妹，其餘長寧公主等皆爲中宗之女，這些都說明她們能像高級官員一樣的成立府署，並自行招募、任命僚屬。

　　此外，擔任才人、內舍人的上官婉兒（664-710），不僅能代擬詔敕，處理百司奏表，甚至能直接參與朝廷政務的決策，權勢日盛，左右朝政，其職掌宮中制誥多年，有「巾幗女宰相」美譽。同時，上官婉兒更代朝廷品評天下詩文，一時詞臣文人多集其門。《舊唐書・后妃傳上》記載：「婉兒常勸廣置昭文學士，盛引當朝詞學之臣，數賜遊宴，賦詩唱和。婉兒每代帝及后、長寧安樂二公主，數首並作，辭甚綺麗，時人咸諷誦之。」因此，上官婉兒不僅有政務決策的權力，更兼有文學出眾的才華。

　　除了在政治方面，在宗廟祭祀時，唐代更直接出現女性祭天的場景。自秦漢以來，祭祀天地神祇的儀式，無論是帝王或負責官員，皆由男性所主持，但至唐代以後，武后、韋后等人皆一改舊制，由她們主持祭祀獻酒。張說〈祭天不得以婦人升壇議〉：「景龍之委，有事圜丘，韋庶人（指韋后）爲亞獻，皆以婦人外壇執籩豆，渫瀆穹蒼，享禮不潔。未及逾年，國有大難。」就是批評不當由女性在郊祀天地時，擔任進行獻祭的禮儀。然而此議論的背後，就是反映出當時唐代社會的風氣開放，以及女性在祭祀禮儀上的地位提升。

　　武后稱帝爲大周皇帝之後，更是直接說明唐代女性在政治社會的重大影響，表現出女性自身的才華與能力，受此風氣影響，此後的太平公主、韋后、安樂公主等人，都想仿效武后，成爲朝廷中的實際掌權者。

(三)藝術文化形象

　　唐代女性的社會地位，除了反映在政治、家庭的影響，另外也表現藝術文化的形象之上。傳統的俠客與刺客，都是以男性的形象，表現忠義、英勇、任俠的豪氣特質，但是到了唐代傳奇之中的紅拂女、紅線、謝小娥、聶隱娘等故事，都是女性的形象加以表現，呈現出女性能獨當一面的風範。

1. **紅拂女**：唐傳奇〈虯髯客傳〉所虛構的人物，與李靖、虯髯客並稱為「風塵三俠」，紅拂女原為司空楊素的歌妓，年輕貌美、機智果敢，慧眼認出英雄李靖，甚至願意拋棄優渥的生活，於是私奔李靖，結為夫婦之後，又遇到俠士虯髯客，三人意氣相投，遂義結金蘭。

2. **紅線**：唐傳奇《甘澤謠》所收錄〈紅線傳〉的虛構人物，描寫身為潞州節度使薛嵩的婢女紅線，以自身的法術能力，幫助主公薛嵩，抵抗魏博節度使田承嗣的故事。而事成之後，不受獎賞而去，展現出輕財仗義的俠客風範。

3. **謝小娥**：唐傳奇〈謝小娥傳〉所虛構的人物，敘述女子謝小娥，因父親與丈夫被強盜所殺，在父親託夢訴冤之後，謝小娥於是苦思報仇，之後得到李公佐的幫助，最後在不畏艱辛的努力之下，手刃仇家，終於為父親、丈夫雪恨的故事。

4. **聶隱娘**：唐傳奇《裴鉶傳奇》所收錄〈聶隱娘〉的虛構人物，敘述俠女聶隱娘，身懷高超武藝，成為魏博節度使田季安的殺手。原本受命為田季安刺殺陳許節度使劉昌裔，但是感佩劉昌裔的正直為人，轉而投效劉昌裔，抵抗田季安。故事玄妙奇異，堪稱武俠小說，同時展現出聶隱娘能夠分辨忠奸、行俠仗義的正直形象。

　　以上雖為唐傳奇所虛構的女性人物，卻也表現出當時女性勇於追求婚姻自主、實踐自我抱負的性格，以及分辨忠奸、為至親報仇的果敢英勇，同時習得武藝、法術等才能，也反映出唐代女性的多才多藝，足以匹敵或凌駕男性的社會地位與形象。

第五章
商業生活百態的〈清明上河圖〉

　　〈清明上河圖〉展現出宋代地方社會的商業多樣性，從市集的商賈貿易、飲食日常需求，到各式物品的販售、人物的刻畫等，詳細描繪出一般民眾的生活百態，並反映出宋代經濟社會與文化的繁榮景象。同時，〈清明上河圖〉不僅引起歷代各種的摹寫與創作，包括明代仇英本、清乾隆年間的清院本，更影響後代〈南都繁會圖卷〉、〈皇都積勝圖卷〉、〈姑蘇繁華圖卷〉等，對於描寫日常生活的題材創作。

一、畫作的版本與介紹

　　〈清明上河圖〉是北宋時期（1101-1124）翰林圖畫院畫家張擇端的作品，畫作長529公分，高25公分，絹本，現藏北京故宮，描繪了北宋首都汴梁，以及汴河兩岸的商業活動、自然風光等繁華景象。傳統繪畫的題材，主要著重於山水、人物、花鳥等大三類，〈清明上河圖〉並不屬於三類之內，而歸類在雜畫，類似描寫日常生活的風俗畫，所採用的技法則為界畫。

　　雜畫的繪畫題材，始於五代，盛行於北宋，是描寫城鄉的社會民俗、風情等，這與西方繪畫的日常風俗畫（Genre Painting），以日常生活和週遭環境為題材，作為生活記錄的內容相近。早期傳統繪畫對於雜畫的題材，並不太重視，但〈清明上河圖〉出現之後，描寫日常生活風情的雜畫作品，逐漸受到重視。除了張擇端之外，還有另一位宋代畫家燕文貴（967-1044）的〈七夕夜市圖〉等，都屬於此類題材的範疇。

　　〈清明上河圖〉作品以長卷形式呈現，使用散點透視的構圖法，因此畫面有從右向左移動的觀看視角，從郊區到市區的三段式主題結構，畫面

中約有八百多人、牲畜六十多隻，以及船隻、房屋、馬車、轎子等各種日常生活場景，畫作內容許多場景，都可以從孟元老《東京夢華錄》的內容記載，加以驗證。因〈清明上河圖〉受到北宋皇帝宋徽宗的喜愛，而用御筆親題「清明上河圖」五字，之後北宋南渡，此畫也受到南宋文人的極大關注。

南宋周輝（1126-1198）《清波雜志》提及：「紹興初，故老閒坐必談京師風物，且喜歌曹元寵『甚時得歸京里去』十小闋，聽之感慨，有流涕者。」而明代董其昌（1555-1636）《容臺集》記載：「乃南宋人追憶故京之盛，而寓清明繁盛之景，傳世者不一，以張擇端所作為佳。」這些都說明了，南宋文人對〈清明上河圖〉的關懷，不僅是強調北宋經濟的繁榮，更主要是緬懷追憶北宋曾經的國家強盛與繁榮景象。

關於〈清明上河圖〉之中，「清明」的意涵為何？部分研究者認為，「清明」是指清明節前後，一般民眾藉由掃墓祭祖，進而外出踏青。部分研究則認為，「清明」是意指「河清海晏」，具有太平盛世的意涵。而「上河」指的是流經當時首都汴梁（開封）的汴河，因此整個〈清明上河圖〉卷中，都有許多河道、漕船的景象。

由於歷代對〈清明上河圖〉的喜愛，有不少畫家皆加以臨摹，因此版本眾多，除了張擇端的「北宋本」，現藏於北京故宮博物院之外，著名的另有：明代仇英以蘇州為背景，所繪的「明代本」，或稱為蘇州片。清代的乾隆元年（1736），由宮廷五位畫家合作完成的「清院本」，現藏臺北故宮博物院。

關於張擇端所繪〈清明上河圖〉的流傳，從作品完成之後，即收藏於北宋宮廷之中，靖康之難後流入民間。到了明代，輾轉收藏在陸完、王忬（1507-1560）、嚴嵩（1480-1567）、嚴世蕃等官員或文人手上。至清代則由湖廣總督畢沅（1730-1797）所收藏，後入紫禁城之中。民國建立之後，〈清明上河圖〉被遜帝溥儀帶至東北的滿州國，然後又再度流落至民間。之後雖曾被尋獲，卻一度被視為贗品處理，最後終於被鑑定為真跡，

收藏於北京故宮。

　　關於〈清明上河圖〉的內容與地理位置，主要是從北宋首都汴梁城（開封）的東南方市區，再向東延伸到郊外。由於北宋設有四都：汴梁、洛陽、應天府、大名府，依照其相對位置，又稱爲東京、西京、南京、北京，所以汴梁在史料記載，除了稱爲開封，有時亦稱爲「汴京」或「東京」。汴梁城因地處黃河、淮河之間，所以有四條河流經過，分別爲：廣濟河（五丈河）、金水河、汴河、惠民河（蔡河），因此非常仰賴河運的運輸，將東南方的米糧物資，運送到京師。其中又以汴河運輸量最高，每年約爲六百萬石，往來漕運船隻極多，《東京夢華錄》所謂：「汴河，自西京洛口分水入京城，東去至泗州，入淮，運東南之糧，凡東南方物，自此入京城，公私仰給焉。」所以〈清明上河圖〉從郊區以來，一直到汴梁城的東南方，描繪汴河與漕船的場景極爲常見。

二、畫作的細部架構

　　〈清明上河圖〉的構圖，主要使用三段式主題架構：首段爲市郊景色、中段以虹橋爲中心、後段爲市區街道的繁榮。

㈠首段：市郊景色

　　畫面最右方的開始，是描寫郊區的場景，有茅舍、小橋、老樹等景色，籠罩在薄霧之中，稀疏的人群與旅人，行走在小道。另外，有腳夫帶著毛驢，以及抬著轎子的一行人，正往市區趕集前進，旁邊則有柳樹映襯。

　　汴河上多有船隻的停靠，外型形制圓短，大如三間房屋的船隻，就是用以運輸糧食、貨物。汴梁城不僅地處黃河、淮河之間，有廣濟河、金水河、汴河、惠民河等四條河流經過，而汴梁之外，又有不少的人工開鑿運河，所以極爲依賴河運的運輸功能。由於汴河每年從南方運輸到開封汴梁的運輸量，可以高達六百萬石，此類船身大、載負量大的大型船隻，又

俗稱為「萬石船」，若是以載運糧食為主的則稱為「漕船」，張舜民《畫墁集》記載：「船形製圓短，如三間大屋，户出其背，中甚華飾，登降以梯級，非甚大風不行，錢載二十萬貫，米載一萬兩千石。」船隻的廣泛使用，反映出「南糧北運」的情形，而開封汴梁則是北宋漕運經濟的重要樞紐，更是全國政治、經濟、文化的中心。

汴河沿岸地勢較為平坦，較容易停靠之處，則可見船隻的停泊卸貨，同時有不少工人拆卸貨物，然後運往各處。郊區沿岸兩側，也有一些店鋪、飯館、酒肆等，甚至出現招攬客人的伙計，有懸掛酒旗的飯館、「王家紙馬」字樣旗幟的店鋪。再往前行，則出現不少船隻停靠，形制如同房屋，且裝飾華麗；同時有一批「縴夫」正拉著船隻，逆著水流向前行，與旁邊較小型船隻的船夫搖櫓，相為呼應。

縴夫，是負責逆著水流拉著船隻前行的人，從〈清明上河圖〉來看，汴河是由西向東的流向，若順風時，自然以風帆前進；但逆風時，則需要縴夫的逆水拉行。由於汴河上的漕船都是體型龐大，甚至有兩層以上的萬石船，因此需要眾多縴夫的勞動，極其辛苦。

㈡中段：以虹橋為中心

虹橋，又稱飛梁、飛虹、無腳橋，最大的特點是沒有橋柱，只用巨木交叉搭置而成，因橋的外型類似彩虹，而有虹橋的稱呼，汴河之上相似虹橋的樣式共有十三座。從圖卷上來看，虹橋上承載了許多行人，兩側欄杆旁則充斥攤販的擺設，往來人口繁多，甚至出現因為衝突而鬥毆的場景，展現出日常商業活動的糾紛與真實場景。由於虹橋沒有底座橋柱的支撐，卻能承受極大的重量，表現出宋代巨木建築結構的高度技術，而類似的巨木建築技術，則可在北宋元符三年（1100）編成的《營造法式》，找到相關的大木作制度對照。

至於虹橋的出現，主要是因為北方的氣候因素，由於冬天寒冷，使河水結冰，船隻無法航行，因此每年十月至翌年二月，都是封河的階段。

到了春暖花開之際，逐漸產生融冰，與河水順流而下，當時稱為「桃花汛」，或是「桃汛」、「春汛」。宋代詩人吳文英〈水龍吟‧夜分溪館漁燈〉詞提到：「怕煙江渡後，桃花又汛，宮溝上，春流緊。」桃花汛的名稱雖美，但是融冰夾雜水流湍急，破壞力道極大，時常把橋柱衝垮，導致許多人員與經濟的損失。之後，有人提出改善的方法，根據《澠水燕談錄》的記載：當時是「疊巨石固其岸，取大木數十相貫，架為飛橋，無柱。至今五十餘年，橋不壞。慶曆（1041-1048）中，陳希亮守宿，以汴橋壞，率嘗損官舟、害人，乃命法青州所作飛橋。至今沿汴皆飛橋，為往來之利，俗曰『虹橋』。」因此，虹橋的設計是為了因應桃花汛的問題，所產生的解決方式，即採用巨木建築結構，搭配卡榫等設計技術而完成。

〈清明上河圖〉的中段場景，除了虹橋之外，還呈現出許多攤販、商店的景象，也有剃髮、算命的服務業，東角子樓外有卜卦者，懸掛「神課」、「看命」與「決疑」等招牌。甚至還有各種店鋪的綵樓、酒旗，用以招攬顧客，類似現今招牌的概念。虹橋前方有座兩層樓高的餐廳，門口掛著「十千」、「腳店」的招牌，而腳店則類似分店的意思，至於總店「正店」則會在後面的圖卷內容中出現。

從畫卷的中段場景，表現出北宋商業活動的興盛與熱絡，與唐代以來坊市制的解禁有關。而北宋代突破坊、市的界限，不僅可以臨街開設店鋪，甚至取消宵禁，延長商業活動的時間，於是有夜間活動的「鬼市」或「鬼市子」，出現了夜市的交易。《東京夢華錄‧潘樓東街巷》記載：「茶坊每五更點燈，博易買賣衣物、圖畫、花環、領抹之類，至曉即散，謂之『鬼市子』。」南宋王明清《揮麈錄》記載蘇軾遊夜市的雅事：「公（蘇軾）春時每遇休暇，必約客湖上，早食於山水佳處。……極歡而罷，至一、二鼓夜市猶未散，列燭以歸，城中士女雲集，夾道以觀，千騎之還，實一時之勝事也。」商業活動與交易時間的延長，使買賣的種類日趨多樣。

除了〈清明上河圖〉的市集表現之外，《東京夢華錄》也記載了：魚

鮮、飲品、甜湯、醃漬、水果、雜貨、各類熟食等各種買賣。例如州橋夜市有賣「冷元子、水晶皂兒、砂糖綠豆、荔枝膏」；東角樓街巷內的潘樓酒店樓，有賣酥蜜食、蜜煎雕花；馬行街夜市則有賣糍糕、團子、豬胰胡餅、菜餅，以及燒餅、蒸餅、雪糕等點心。生鮮魚類的部分，則是「賣生魚則用淺抱桶，以柳葉間串清水中浸，或循街出賣。每日早惟新鄭門、西水門、萬勝門，如此生魚有數千擔入門。」每日數千擔的鮮魚數量，可見食用數量之多。另外，還有生醃木瓜、藥木瓜、香糖果子、糖荔枝等，季節水果與醃漬水果的買賣。

　　熟食類的食物，則有爊肉、虀兒肉、野狐肉、脯雞，以及鵝、鴨、雞、兔、肚肺、鱔魚、批切羊頭、辣腳子、薑辣蘿蔔等，而且還會因季節變換，販售不同菜餚：夏月則麻腐、雞皮麻飲、細粉。冬月則盤兔、旋炙豬皮肉、野鴨肉、滴酥水晶鱠、煎夾子、豬臟之類等。除了固定的店鋪之外，還有移動式的行商、貨郎、攤販，而虹橋上兩側所描繪的攤販，就販賣了各類雜貨與用品。

(三)後段：熱鬧的市區

　　後段的熱鬧市區，是一直延伸到汴梁城東南的東角子門，可以看見商店、店鋪、寺觀等建築，以及官吏、文人、僧人、販夫、婦女等行人，與牛、馬、驢、駱駝等各種動物，交通工具則有：牛車、獨輪車、驢車、轎子等。

　　城門口除了抽稅的官員之外，還有一隊醒目的駱駝商隊，說明了宋代與伊斯蘭商人之間的海外貿易關係，主要與宋代的關稅與市舶司有關。北宋初年在東南沿海的廣州、杭州、明州、秀州等市地設置舶司，吸引了伊斯蘭商人前來貿易，而成為重要的貿易港口，同時貿易的商稅也成為北宋的國家重大財源收入。

　　後段畫卷內容，最著名的餐館就是三層樓高的「孫羊店」，門口有高挑的綵樓裝飾，以及「正店」的招牌，說明此餐廳是總店，與虹橋旁的

「腳店」相互呼應。而孫羊店所代表的羊肉食用，是當時中上階層的飲食習慣，在《宋史》的記載上有許多官員喜歡吃羊肉的記錄，代表當時飲食風尚。

孫羊店的旁邊則有「楊大夫應驗」的醫藥鋪、羅錦帛鋪、「久住王員外家」的住宿旅店、「香飲子」的飲料鋪，與張掛「劉家上色沉檀揀香」的香鋪，各種商店種類繁多，重要的是，不少商店都懸掛旗幟、布帛、木牌等招牌，或是以大型的綵樓，作爲醒目的標誌，吸引顧客上門，已經有重視商品的宣傳與行銷概念。正因爲飲食的方便，所以汴京附近的外食人口增加，根據《東京夢華錄》記載：「汴京市井經紀之家，往往只於市店旋置飲食，不置家蔬。」而《夢粱錄》也提及：「處處各有茶坊、酒肆、麵店、……油醬、食米、下飯魚肉、鮝臘等鋪。蓋經紀市井之家，往往多於店舍，旋買見成飲食，此爲快便耳。」所謂：「於市店旋置飲食，不置家蔬」或「旋買見成飲食」，就是現在外帶、外食的飲食習慣，主要是外食方便快速，因此造成外食人口的增加。

畫卷中「香飲子」的招牌，主要是販售飲料、茶湯的店鋪。宋代的「香飲子」或「飲子」，類似涼茶、茶湯與各類飲料，有解渴、清熱、防暑、養生等效用，《夢粱錄》就提到有「中瓦前車子賣香茶、異湯」、「巷陌街坊，自有提茶瓶沿門點茶」。另外，還有販賣甜品類的飲料，「向者杭城市肆名家，有名者如中瓦前皁兒水，雜貨場前甘豆湯。」無論是香茶、點茶、皁兒水、甘豆湯等，都說明宋代的香飲子的種類繁多，具有多樣性。

茶飲是唐、宋以來流行的飲食風氣，也是宋代飲茶的市井風情表現，傳南宋畫家劉松年的〈茗園賭市〉，就描繪了當時市集的飲茶、鬥茶情景。〈茗園賭市〉的內容，是描寫茶販之間的比較，所謂的「賭」，並非賭博遊戲，而是有相互品茶，以及推銷、競賽的意味。畫面中的茶販，有的注水點茶，或提壺、舉杯品茶，旁邊則有挑擔賣茶的小販，擔子的封條貼著「上等江茶」，顯然對同行之間的比較很有興趣，因此也駐足觀看。

前方則有婦人一手提壺，一手端著杯盤，旁邊帶著小孩，也回頭觀看茶販鬥茶的情景。而相傳劉松年還有另一幅〈鬥茶圖〉，則是描寫四位茶販，相互品茶的情景。論是〈茗園賭市〉或〈鬥茶圖〉，都生動自然的呈現出，宋代民間市井的生活風情。

　　類似飲茶、鬥茶的飲食生活主題，也被後世畫家取材創作，例如元代趙孟頫〈鬥茶圖〉、明代仇英〈松溪鬥茶圖〉、清代姚文瀚〈賣漿圖〉等，都是描繪市井的生活樣貌。

三、宋代商業活動的反映

㈠商業活動類型

　　〈清明上河圖〉反映出北宋商業活動的興盛與熱絡，與坊市制的解禁有關。自唐代以來，都市規劃採用坊、市分開的設計，也就是商業區、住宅區分開管理的「坊市制度」，長安城內的東市、西市等市集，有固定區域與城牆，有交易時間限制，並嚴格實施宵禁制度。至北宋以來突破坊、市的界限，不僅可以臨街開設店鋪，甚至取消宵禁，延長商業活動的時間，於是有夜間活動的「鬼市」，出現了夜市的交易。

　　《東京夢華錄》記載：「（汴梁）夜市直至三更盡，才五更又復開張。如要鬧去處，通曉不絕」、「杭城大街，買賣晝夜不絕，夜交三、四鼓，遊人始稀。五鼓鐘鳴，賣早市者又開店矣。」這些都是描寫夜市活動的場景，甚至通宵達旦，因此有鬼市之稱。北宋蔡絛（1097-？）《鐵圍山叢談》，更提到夜市人多的情景：「天下苦蚊蚋，都城獨馬行街無蚊蚋。馬行街者，都城之夜市酒樓極繁盛處也。蚊蚋惡油，而馬行街人物嘈雜，燈火照天，每至四更罷用，永絕蚊蚋。」雖然以「永絕蚊蚋」來形容夜市的人多擁擠，用字遣詞稍嫌誇張，但因人多嘈雜，加上火光通天的燈油，都可能有驅趕蚊蠅的功效，同時更是直接點出夜市商業興盛的樣貌。

　　除了商業活動時間的延長，而分為早市、夜市之外，商業形態則分為：固定的店鋪，以及移動式的行商。所謂移動式的行商，一般稱為貨

郎，〈清明上河圖〉有幾處也描繪出貨郎的身影。此外，北宋畫家蘇漢臣（1094-1172）〈貨郎圖〉，表現了一位貨郎正推著獨輪車，上面擺放各種貨物，有胭脂、燈籠、帽子、撥浪鼓、剪刀、玩具、配飾等，旁邊的孩童或開心地拿著玩具，或好奇地盯著各種物品。而南宋畫家李嵩（1166-1243）〈市擔嬰戲圖〉，則是描寫包著頭巾的貨郎，扛著貨架上的各類物品，包括碗碟、玩具、瓜果、糕點、書籍、鳥禽、藥品等，旁邊抱著幼兒的婦人，與一群孩童，一起圍繞著貨郎的各類貨物，或歡呼雀躍，或奔向貨郎，表現出一幅和樂的日常生活場景。可見宋代貨郎所販售的物品，種類多樣，應有盡有。

此外，還有宋代畫家錢選〈畫貨郎圖〉、明代計盛〈貨郎圖〉、明代呂文英〈貨郎圖〉、清代丁觀鵬〈太平春市圖〉等，都是延續此類題材，描繪貨郎的日常生活，與民間商業活動繁盛的場景。

商業市集的興盛，也帶來髒亂、侵占街道等亂象。宋代在都水監之下，設置專門機構「街道司」，定期進行城市街道整理、清除占道商販等工作，《宋史‧職官志五》記載：「街道司，掌轄治道路人兵，若車駕行幸，則前期修治，有積水則疏導之。」《東京夢華錄》提及親王、公主出巡時，「亦設儀仗行幕、步障水路。凡親王公主出則有之，皆係街道司兵級數十人，各執掃具，鍍金銀水桶，前導灑之，名曰『水路』。」也就是負責灑掃道路、疏通積水等，隊伍開道與街道清潔的工作。此後因為商業的繁榮，居民侵占街道的情形越趨嚴重，《續資治通鑑長編》記載開寶九年，宋太祖宴請大臣時，「宴從臣於會節園，還經通利坊，以道狹，撤侵街民舍益之。」，而《宋刑統》更規定：「諸侵街巷阡陌者，杖七十」，以及「其有穿穴垣牆以出穢污之物於街巷，杖六十。主司不禁與同罪。」然而，一時拆除、刑責，仍比不上居民侵占街道所獲得的利益，於是朝廷開始向商家徵收「侵街錢」、「侵街房廊錢」等，某種程度上承認侵街攤販的合法化。

㈡商業與國際貿易

　　後段畫卷所出現的駱駝商隊，反映了宋代與伊斯蘭商人之間的海外貿易關係。從北宋初年開始，朝廷在東南沿海地區，設置廣州、杭州、明州、秀州、泉州司、密州等市舶司，主要的功能負責海外貿易事務，同時有檢查進出貨物、頒發憑引證明、抽解徵稅、查禁違禁品等職責，而北宋也因為貿易商稅的徵收，成為國家重大的財源收入之一。元祐二年（1087）設泉州市舶司之後，更成為廣州、明州以後，伊斯蘭商人的重要貿易港口，甚至有伊斯蘭商人直接在泉州定居。

　　北宋文人朱彧的《萍洲可談》，對於市舶司附近伊斯蘭商人居住的蕃坊，記載極為詳盡：「廣州蕃坊，海外諸國人聚居，置蕃長一人，管勾蕃坊公事，專切招邀蕃商入貢，用蕃官為之，巾袍履笏如華人。蕃人有罪，詣廣州鞫實，送蕃坊行遣。縛之木梯上，以藤杖撻之，自踵至頂，每藤杖三下折大杖一下。蓋蕃人不衣禈袴，喜地坐，以杖臀為苦，反不畏杖脊。徒以上罪則廣州決斷。」所以，伊斯蘭商人的居住特別區域，由伊斯蘭人推舉蕃長，且有一定的司法裁決權，徒重罪以上，才交由廣州府審理決斷。另外，也提及伊斯蘭商人不吃豬肉的飲食風俗：「蕃人衣裝與華異，飲食與華同，或云其先波巡嘗事瞿曇氏，受戒勿食豬肉，至今蕃人但不食豬肉而已。又曰汝必欲食，當自殺自食，意謂使其割己肉自啖，至今蕃人非手刃六畜則不食，若魚鱉則不問生死皆食。」因此，宋代政府基於招攬伊斯蘭商人前來貿易，規劃出一個特定區域，設立居住區、市坊與學校，清淨寺等，讓伊斯蘭商人在當地結婚生子，繁衍後代，使其能獲得各種便利的生活條件，以便安居樂業。

　　廣州、泉州的市舶司設立，不僅形成了國際貿易優勢，同時也刺激了造船業的發達，使福建地區如泉州、長樂等地造船廠的技術提升，間接影響了明代鄭和下西洋的海上活動。

㈢商業與招牌宣傳

〈清明上河圖〉描繪出許多類型的店鋪：餐飲（孫羊店）、酒戶、醫藥店（趙太丞家、楊家應症）、香藥店（劉家上色沉檀香）、邸店（久住王員外家）、綢緞店（王家羅錦匹帛鋪）、理髮店、飲子、算命（神課、看命、決疑）等，以及貨郎、各式地攤。

為了商業活動的宣傳，〈清明上河圖〉也有許多類似招牌的功能，包括綵樓（孫羊店正店與腳店）、旗幟（酒旗）、燈籠、布條、牌子、木板等。招牌常以自家姓名為主，例如王家紙馬、孫羊店、趙太丞家、楊家應症、劉家上色沉檀香、久住王員外家、王家羅錦匹帛鋪等。《夢粱錄》還記載街道上各種店鋪的招牌名稱：張家酒店、王樓山洞梅花包子、李家香鋪、曹婆婆肉餅、李四分茶等，都說明宋代商業活動與宣傳的特色。

㈣食用羊肉的飲食習慣

〈清明上河圖〉畫卷後段，有一間三層樓高的「孫羊店」，反映當時中上階層喜歡食用羊肉的飲食習慣。《宋史》曾記載仁宗（1010-1063）吃羊肉的故事：「（仁宗）一日晨興，語近臣曰：『昨夕因不寐而甚飢，思食燒羊。』侍臣曰：『何不降旨取索？』仁宗曰：『比聞禁中每有索取，外面遂以為例。』」宋仁宗某日晚上想吃燒羊，但是怕因此事成為事例，造成宮中與民間的困擾，於是做罷。另外，官員蒲宗孟「趣尚嚴整，而性侈汰，藏帑豐，每旦刲羊十。」因家境富裕，又喜歡吃羊肉，於是每天要宰殺十隻羊來食用，說明羊肉價格偏高，一般百姓若沒有一定的財力，是無法食用與消費。

所以當時文人之間流傳：「蘇文熟，吃羊肉。蘇文生，吃菜羹。」除了讚揚北宋蘇軾（1037-1101）的文采之外，更是指熟讀蘇軾的文章，就能考中科舉當官，進入士大夫的階層，於是就吃得起羊肉。趙令時《侯鯖錄》記載，有官員甚至還以蘇軾的書信文字，拿去交換羊肉十數斤，於是蘇軾被好友黃庭堅取笑，昔日王羲之以書法換鵝的典故，今日則是以蘇

軾的書法換羊肉，直呼「可名二丈書爲：換羊書」。而宋代林洪《山家清供》則提供羊肉的料理方式：「羊作臠，置砂鍋內，除蔥椒外有一祕法，只用捶眞杏仁數枚，活水煮之，至骨就靡爛。」加上捶碎的杏仁加以烹煮，羊肉便能靡爛熟透，可見士大夫對於羊肉食用、烹調等，都有一套獨特的方法。

　　北宋當時還設置專門養殖管理羊隻的「牛羊司」，並開闢京師以北的大片牧地，作爲官民放養羊隻之地，但是羊肉的供應仍然不足，於是另以榷場交易的方式，向北方的契丹、西夏進口羊隻以供食用，甚至每年交易達數萬口以上。李燾《續資治通鑑長編》記載：「河北榷場，博買契丹羊歲數萬，路遠，抵京則皆瘦惡耗死。……公私歲費錢四十餘萬緡。」都反映出宋代社會，對於羊肉食用風氣的喜好。

　　由於上行下效，民間百姓也開始食用羊肉，孟元老《東京夢華錄》提到，當時汴梁的鬧市街頭，也有燉羊、入爐羊、羊頭籤、蒸羊頭、羊腳子、羊肚羊腰、雜羊碎等數十種羊肉料理。不過，市集裡的羊肉料理，大多是頭、腳，或肚、腰等內臟，整塊羊肉似乎價格仍高，一般民眾或許消費不起。

四、清明上河圖的各種版本

　　除了張擇端所繪的北宋本，畫作長529公分，高25公分，現藏北京故宮之外，後世還有許多不同的摹本，或是以「清明上河圖」爲名所創作的版本。現存比較著名的，主要有：仇英明代本、清院本，且根據歷代畫家臨摹版本的不同，所描繪的場景、人物、景物亦不相同。

(一)明代仇英本

　　由明代中期的畫家仇英（？-1552）所繪製，以蘇州爲背景，作品長985公分，高31公分，採青綠設色。雖參照北宋本構圖，冠以清明上河圖之名，但並不是描繪汴梁（開封）的社會風情，而是以仇英的生活環境：

蘇州城為背景，所以內容場景與北宋本不同，屬於全新創作的畫卷。明代仇英本的〈清明上河圖〉，主要是描繪明代蘇州城近郊、城內、宮城、街巷、橋梁、戲臺等生活情景，人物約兩千多人，或動或靜，栩栩如生，包括婚娶、宴飲、趕集、叫賣、娛樂，以及山巒、城牆、房屋等建築。其中，不少展現出明代特有的商業特色，例如摺扇店、青樓、裝塑佛像、鮮花店、書坊、肉鋪、首飾店、傾銀鋪等。

仇英本〈清明上河圖〉在描寫店鋪時，常出現各類的招牌與看板，強調店鋪的宣傳，例如「重金雅扇」的摺扇店、「鮮明花朵」的鮮花店、「宰賃豬羊」的肉鋪、「傾銷」的傾銀鋪、「各樣履鞋」的鞋履店、「集賢堂」的書坊、「詩畫古玩」的書畫店。其中的傾銀鋪，是熔鑄銀錠的店鋪，讓商家在取得一些碎銀後，再鎔鑄成較大的銀錠，反映出明代中晚期推行一條鞭法之後，在以銅錢為貨幣使用之外，以白銀作為銀本位經濟流通的時代特有現象。書坊與書畫店的出現，代表印刷出版與藝術市場的發展，較為流通而普及，使書籍、繪畫與古玩，成為流通賣賣的經濟商品。

在店鋪的招牌宣傳方面，有些直接以圖像形式，作為招牌宣傳，例如鞋履店的招牌，除了販售商品的字樣之外，更直接畫出鞋子圖像與不同款式，表現出明代商業社會中，視覺化招牌圖像的盛行，並注重商品宣傳活動的商業策略。此種注重招牌圖像與商品宣傳的現象，在另一幅描繪明代南京的〈南都繁會圖卷〉內容裡，也能感受到強烈的廣告宣傳與商業氣息。

此外，明代本的橋梁表現，不同於北宋本以巨木構建的虹橋，而是以江南水鄉特有的特有拱橋作為呈現。

㈡清院本

現存清代清明上河圖版本頗多，且畫作大小不一，而最著名的則是，清乾隆元年（1736）由陳枚、孫祜、金昆、戴洪、程志道等五位宮廷畫家共同合作的版本。乾隆元年的清院本，呈現出清代的民間社會風俗，作品

長1,153公分，高36公分，現藏臺北故宮。清院本增加清代當時的地方風俗，如踏青、表演等娛樂活動，以及公共澡堂（潔淨浴堂）、古董字畫、接骨等。也增添了許多豐富的情節，如戲劇、猴戲、特技、擂臺等，使畫中人物增加到超過4,000人，畫作尺寸更從原先北宋本的528.7公分，擴大至1,152.8公分。

　　在繪畫技法方面，由於受到郎世寧（1688-1766）所引進西洋繪畫的透視、寫生等技法影響，街道房舍均以透視原理來寫實作畫，並有西式建築置於其中。整體用色鮮麗明亮，用筆細緻，所畫的橋梁、房屋、人物皆細膩嚴謹。例如屋舍、街道、人物、瓦片等，在畫面的結構安排上，相較於北宋本的熙攘紛雜，都呈現出較為整齊規矩，甚至城關或官署等重要地方，都設有柵欄與士兵的守衛，似乎刻意表現出社會秩序的穩定與和諧。

　　此外，清院本對於虹橋的表現，亦不同於北宋本與明代本，而是以巨石所形成的石橋作為呈現，反映出建材使用的差異與建築技術的提升。

(三)影響後世的題材與作品

　　張擇端〈清明上河圖〉的作品，受到了宋徽宗的喜愛，也使這種描寫地方社會的生活風情題材，開始受到重視，並從宮廷逐漸流行到民間，不僅有歷代畫家紛紛以「清明上河圖」為名，所進行各種的摹寫與創作，更讓描寫一般民眾日常生活的風俗畫題材，成為後世畫家的創作動機。進而衍伸出明代的〈南都繁會圖卷〉與〈皇都積勝圖卷〉、清代的〈姑蘇繁華圖〉等。

　　明代佚名的〈南都繁會圖卷〉，絹本，設色，是描寫明代南京的日常生活場景，由於南京原為明初的首都，永樂時期（1403-1424）以後，雖然將首都遷到了北京，但南京仍是南直隸與江南地區，重要的經濟與文化中心。因此〈南都繁會圖卷〉表現出熱鬧的娛樂場景，主街道可分為南市街、北市街，有戲臺、店鋪、酒樓、澡堂、牌坊等設施，以及茶莊、金銀店、藥店、雞鴨行、豬行、羊行、糧行等各式店鋪與商行，還有龍舟、漁

船、畫舫、轎子、牛車等，與各類招幌牌匾、人物，甚至還有「西北兩口皮貨批發」、「東西兩洋貨物俱全」的店鋪買賣，展現鄭和下西洋之後，所帶來不一樣的舶來品商品，表現出熱鬧的市井生活。

　　〈南都繁會圖卷〉同時也描繪出南京地區的歲時活動，例如踩高蹺、施放煙火、舞龍戲獅、雜耍把戲等，以及鰲山巨燈等，畫面上部則有龍舟畫舫，左側則有遊行隊伍，表演《西遊記》、《水滸傳》的故事情節等，反映出民間社會常見的戲曲活動。

　　明代佚名的〈皇都積勝圖卷〉，則是表現出明代帝都北京的多樣風貌，描繪從盧溝橋經廣寧門進入北京城，再經正陽門、棋盤街、大明門、承天門等街市，有街道、茶樓、酒肆、金銀鋪等。交易商品種類豐富，包括服裝、鞋帽、古玩、字畫、珠寶、首飾、日常用品等，而招幌牌匾隨處可見。圖卷甚至有寬敞院落中儲存煤炭，與煤場、煤鋪等，並以大車或駱駝運送煤炭，前來販售，反映出北京地區使用煤炭的大量需求。整體而言，〈皇都積勝圖卷〉描繪出北京街市的人潮擁擠，與商業活動興盛。

　　清代的宮廷畫家徐揚，用了二十四年的時間，於乾隆二十四年（1759）完成〈姑蘇繁華圖〉，又名〈盛世滋生圖〉，是用以進獻乾隆皇帝，盛讚太平盛世。圖卷採用長卷形式，與散點透視等技法，全長12公尺，內容起自靈岩山，經橫山、渡石湖、上方山等，進入蘇州城，再向外至山塘橋、虎丘山，描繪當時蘇州的商業活動與市井風情，以及江南生產的絲綢店鋪、棉布店鋪、染料染業等。依據研究的統計，畫作的內容描繪極為精細，有各色人物萬餘人，房屋建築約兩千餘棟，各種橋梁五十餘座，大小船隻近四百多艘，以及各類商業招牌，與珠寶、鞋帽、涼蓆、樂器、盆景、絲綢等各種店鋪行業。除了蘇州本地商店之外，還經營來自外地或國外的名產，表現出清代蘇州社會的市井與商業風貌。

　　上述的作品都是受了〈清明上河圖〉的影響，將日常生活的風俗畫題材，視為繪畫創作的動機，也使得繪畫內容保留了當時生活的真實樣貌，成為後世對於日常社會文化研究的重要圖像資料。

第六章

放榜與觀榜：科舉社會的文化圖像

　　科舉制度為傳統社會選拔人才的重要途徑，明清以後的讀書人，必須經由鄉試、會試、殿試等層層的考驗，才可以取得任官的資格，進入社會的上層階級。但在準備應考的過程中，卻也無形中折磨著多數讀書人的心靈，因此有所謂「考試煉獄」的稱呼。歷來描繪考試文化與科舉放榜的圖像，最著名的有明代畫家仇英的〈觀榜圖〉，內容如實地反映出科舉放榜的場景，以及應考讀書人內心的歡喜、憂慮、失落與討論等，各種心態一一呈現，藉以了解傳統讀書人對於科舉制度的積極參與，以及所帶來的精神與情緒的各種轉變。

一、皇榜下的讀書人百態

　　明代畫家仇英（？-1552），工山水、人物，兼擅花鳥，為明四家之一。傳為他所創作的〈觀榜圖〉，作品63×35公分，絹本設色，現藏於臺北故宮，畫作的前段內容，是科舉考試放榜之後，讀書人圍觀並尋找懸掛在宮城牆上，巨幅榜單的場景；後段則是描寫皇宮與官員的內容。

　　應考的讀書人，在面對榜單的複雜情緒，以及在準備考試過程中的喜怒、焦慮、壓力等情緒轉換，被視為是「科舉煉獄」（examination hell）的考驗。為的就是所謂傳統讀書人「十年寒窗無人問，一舉成名天下知」的理想與實踐，所必須歷經長時間的艱苦試煉。

　　〈觀榜圖〉從前段的內容開始，描寫明代科舉放榜之後，讀書人群聚於榜單之下的場景，從畫作最右側的郊區進入，首先有一位讀書人持杖緩緩而來，另一位讀書人則是由童子攙扶前行，皆似稍有年紀，都為了觀看榜單而不辭勞苦，表現出對功名的渴望，以及對仕途的追求。而榜單下的

應考讀書人，看榜時內心的各種情緒與反應，大致分成四部分：

㈠ **觀看榜單的情景**：宮牆上張貼錄取名單的榜單，由於人數眾多，榜單極大，所以榜單下方早已群聚許多人，而最靠近榜單的一群讀書人，幾乎是仰頭張望，仔細尋找自己的姓名，是否出現在名單上。而擁擠的人群，表現出讀書人的熱切情緒，夾雜著緊張、焦慮、喜怒等情緒壓力。

㈡ **榮登榜上的喜悅**：榜單下方部分的一群讀書人，或四、五人，圍在一起討論，似乎已經知道自己考上，或是某人考上了，於是開始群聚的探詢、分享與議論，甚至舉手比天、比手劃腳，可能是分享答題應考心得，也可能是討論考題內容的適切與否。特別是考題的洩漏或不公正，都可能引來極大的爭議，進而釀成「科場案」，主考官等相關人員，或是應考的考生，都可能因此牽連而獲罪懲處。

㈢ **名落孫山的失意**：宋代《過庭錄》曾記載一位叫孫山的讀書人，與鄰居鄉人之子一同考試，結果鄉人之子沒考上，鄉人詢問考試結果，孫山回答：「解名盡處是孫山，賢郎更在孫山外」，後世便常以「名落孫山」，作為沒考上的代稱。從〈觀榜圖〉可以看到，榜單下方的一部分的讀書人，有些身著青色、灰色的衣衫，被兩側朋友或僕人，雙手攙扶的行走，身形踉蹌，表現出難過、意志消沉的樣子，反映出考生應考的不如意，或名落孫山，所造成情緒上的打擊。

而榜單下的人群，衣服大多灰色、淺藍、青色的粗布顏色，主要是一般平民或社會底層的服色，傳統社會對於相對應身分地位的衣服、材質、顏色，都有嚴格的規範，不能任意變更，否則將會受到處罰。但是，若能通過科舉，取得任官資格之後，穿著衣服的顏色、材質，就會更加華麗與鮮豔，以彰顯自己的身分地位。

㈣ **陪伴應考與圍觀**：榜單下方最外側的人群，或牽著馬匹，或腳踏椅凳，或群聚聊天，神情較為輕鬆自在，似乎事不關己，可能就是陪伴應考的親友、僕人，或是圍觀的人群。這些人神情隨性自在，與觀榜

讀書人的內心複雜情緒，有著強烈的對比。

關於科舉放榜的作品，相關繪畫除了仇英〈觀榜圖〉之外，清代的梁言〈觀榜圖卷〉，與晚清《點石齋畫報》，都有相關的描繪。

清代畫家梁言的〈觀榜圖卷〉，是採設色的青綠描金筆法，描寫在清晨時分，許多應考的讀書人們，或舉著火把，或提著燈籠，與親友童僕等人，迫不及待的前往榜單放榜處，想查看自己是否考上，描繪出等待放榜的複雜情緒。而放榜處的宮牆附近，也已經有許多店鋪，因應考生的聚集，陸續開店營業。傳統稱爲進士人才齊聚，稱爲「龍虎榜」，《新唐書·歐陽詹傳》記載，當時歐陽詹（755-800）「舉進士，與韓愈、李觀、李絳、崔羣、王涯、馮宿、庾承宣聯第，皆天下選，時稱『龍虎榜』」。明代小說《警世通言》寫到，宋代的秀才吳洪，離鄉背井，到臨安府求取功名，便是指望「一舉首登龍虎榜，十年身到鳳凰池」。因此，龍虎榜都是意指天下英才俊秀的聚集。

由於傳統的放榜多稱爲「龍虎榜」，寓意選拔優秀人才，於是清代以後，對應十二生肖的時間，虎屬寅時（清晨三點至五點），龍屬辰時（早上七點至九點），所以放榜時間多刻意選在寅、辰時之間，以對應「龍虎榜」，也就是清晨三點到上午九點之間。而考生們都希望能第一眼，率先看到榜單的自己名字，於是多趕在清晨三點以前，就陸續出發前往放榜處，所以梁言〈觀榜圖卷〉才會有舉人火把、提燈籠的行爲，描繪出清晨摸黑趕路的場景。

所以，梁言〈觀榜圖卷〉是描寫考生們，群聚一起在大門外，等待榜單張貼的心情，與仇英〈觀榜圖〉張貼放榜之後，查閱自己是否考上的心境，略有些不同。

晚清《點石齋畫報》，也曾刊載〈南闈放榜〉新聞，是描寫清光緒十七年（1892）辛卯科的江南鄉試，畫報記載當時考官與考生，所各自面臨的壓力：「江南鄉試合上下江爲一棚，考生每多至二萬餘人，故其放榜亦較他省爲獨遲，本屆辛卯正科，朝廷特簡金靜階閣學、李木齋太史入闈

典試，呈進各卷當經十八房同考官，悉心校閱，凡有傑構，無不鶚薦。」
放榜地點在江寧府轅門外牆，最後榜單公布只錄取一百五十四人，錄取率
僅0.7%。所以，各房考官無不用心審閱考卷，深怕有所遺漏，或造成疏
失；而考生面對如此低的考取率，心中的沉重壓力，實在可想而知。於是
在如此競爭壓力之下，許多江南應考的考生，於清晨時點火、舉燈，在榜
單盡力找尋自己的名字。可見科舉考試，在歷代讀書人的心目中有著極為
重要的地位，從仇英〈觀榜圖〉最前段，一位讀書人由童子攙扶前行，似
稍有年紀，可能是反覆考試多次，仍須努力應考，也就是讀書人用盡畢生
心血，都要完成的使命。

二、讀書人的服飾與裝扮

　　仇英〈觀榜圖〉描寫的內容是明代尚未考取的讀書人，熱切觀看榜
單的場景，而畫作中也將讀書人的服飾與裝扮，如實的加以描繪。整體而
言，〈觀榜圖〉中的應考讀書人，大多是頭戴布巾，身著淺灰色或青色的
布衣，亦即白衣、布衣的身分，主要的服飾與裝扮如下：

㈠頭巾：由於傳統男子必須蓄髮，所以要將頭髮固定，束髮之後，戴上
　　頭巾或帽子，平時則為求輕便，一般也戴儒巾，有時因形制不同，又
　　稱為東坡巾、四方巾等名稱。顧炎武《日知錄》記載，明初「所戴小
　　帽，以六瓣合縫，下綴以簷如簷」，稱為「六合一統帽」；另外，元
　　末明初的文人楊維楨（1296-1370），以方巾面見明太祖時，明太祖
　　問其形制，楊維楨回答：「四方平定巾」。明太祖很喜歡這個名稱，
　　詔布天下，恢復此巾的使用，因此《明史‧輿服志》記載：「洪武三
　　年，令士人戴四方平定巾。」明初所規定的四方平定巾，主要是以黑
　　色紗羅製成的便帽，因四角都呈方形，所以又稱「四角方巾」，風格
　　清靜儒雅，此種巾帽多為讀書人所戴，一般百姓比較少使用。晚明崇
　　禎年間朱術珣撰有《汝水巾譜》，詳細記載明代當時所見，各種頭巾
　　的名稱與形式，配圖三十二幅，計有：華陽巾、純陽巾、唐巾、四方

巾、如意巾、折角巾、凌雲巾等十三種。多數頭巾，是抄錄古書，或
從繪畫採集，仿而繪之，記載其尺寸形制。

〈觀榜圖〉中的讀書人，多戴方巾與便帽，顏色以黑色或深色居多，
表現出布衣的身分，只有少數僕人，或年幼侍童，才沒有戴帽。

(二)**網巾**：明代讀書人在頭髮固定後，必須先用「網巾」包裹頭髮，然後
　　再戴上儒巾或布帽，這是明代特有的髮式配件。根據明代王圻《三才
　　圖會》的記載，是明初以平定天下，「改易胡風，乃以絲結網，以束
　　其髮，名曰『網巾』，識者有『法束中原，四方平定』之語』」。而
　　郎瑛《七修類稿》也記載：「網巾，用以裹頭，則萬髮俱齊。」也就
　　是以「髮」與「法」諧音，作爲社會平定的象徵。網巾是男性髮式的
　　重要日常用品，在另一幅的清明上河圖之中，還有描繪出專門販售網
　　巾的雜貨店鋪。但是到了清代，由於服飾制度與髮式的裝扮不同，清
　　代採用女眞薙髮的髮式，於是明代的網巾廢止不用，網巾因而從此消
　　聲匿跡。

　　網巾，在明代是不分老幼、階級，男子必備的用品，主要固定頭髮，
　　方便戴上儒巾或布帽。宋應星《天工開物》記載了，無論農夫耕田、
　　文人聚會等，都有戴上網巾，有些人因爲勞動工作等因素，就僅只有
　　用網巾裹頭髮，再加以簡單的固定後，就不戴上帽子，只爲求方便，
　　但基本上網巾是各階層的日常生活必需用品。

　　由於網巾僅出現在明代，是當時男性特有的服飾裝扮，甚至在某些時
　　期成爲認同或忠於明朝的意涵。尤其是當女眞人取代明朝，建立清
　　朝之後，部分原本明朝的官員與文人，成爲了不願效忠清朝的「遺
　　民」，於是以戴網巾作爲緬懷明朝的象徵。清代文人戴名世（1653-
　　1713）在〈畫網巾先生傳〉，記載一位明末文人，被清軍拘捕後，
　　被迫剃髮、奪去網巾，於是他用毛筆在額頭上，畫上網巾的樣子，而
　　被戲稱爲「畫網巾先生」，故事雖然奇特，卻也表現出明末文人緬懷
　　故國的感傷與無奈。還有一些不得不被迫剃髮的明末文人，也會在死

後，遺命子孫以網巾陪葬，表達出效忠明朝的政治立場與態度。所以在明清之際，網巾不僅是髮式的配件，更是政治認同與立場的象徵意涵。

㈢**服飾**：讀書人通常穿淺藍色、灰色或黑色衣袍，採交領右衽，上衣四週多鑲有寬邊，袖長過手，衣服下擺通常下垂到地面，材質大多為粗布質料。若能通過科舉，取得任官資格，衣服的顏色、材質，就能更加多樣、華麗與鮮豔，這就是所謂的「釋褐」：脫下代表粗布的褐色布衣，換上身分象徵的精緻衣裳。宋代編纂的《事物紀原・釋褐》記載：「太平興國二年正月十二日，賜新及第進士諸科呂蒙正以下綠袍靴笏，非常例也。御前釋褐，蓋自是始。」也就是宋太宗趙光義（939-997），賞賜及第進士呂蒙正等人，綠袍、靴、笏，直接在宮殿前換上，所以從褐色布衣到綠袍，象徵了身分的轉變，從常人轉變成官員，同時也反映出宋太宗籠絡讀書人的政治手段。

宋代至明清以來，官方都鼓勵士人讀書，參加科舉考試，因為只要努力考上科舉考試，晉升到官員階級，不僅可以改變衣服的樣式、材質與顏色，其他的房屋、田產、婚姻等，都會隨之而來。所以讀書人多努力用功於科舉考試，卻也因此沉浸在考試的漩渦裡。

三、科舉制度的規範

㈠科舉應考的過程

傳統科舉考試的目的，在於「始之以掄才，終之以授位」，藉此選拔出人才，進入國家政府效力。然而，在人才培養方面，早期主要是從貴族的上層社會選拔出來，之後才轉由一般大眾百姓之中選拔人才。自隋唐以後實行科舉制度以來，讀書人是需要經過多次的考試科目，才能進入中央與地方任官；到了明清時期的科舉，大致分為：鄉試、會試、殿試，從童生、秀才、舉人、貢士，需經歷過層層考試，最後才能取得進士資格，然後進入仕途任官。

　　秦漢以前的人才選拔，由於社會階級分明，是以世襲制度取士，至漢代改以察舉制，由各地官員推薦德才兼備的人才，由州推舉的稱爲秀才，由郡推舉的稱爲孝廉。但是察舉制多以推薦者的主觀判定，缺乏客觀的評選標準，於是逐漸出現地方官員徇私，所推薦者不實的現象。魏晉時期的魏國陳群（？-237），創立九品中正制，由中央官員的中正官，按出身、品德等考核人才，分爲九品錄用，主要是改良察舉制，將察舉之權，由地方官改由中央官員負責。然而，魏晉時期世族勢力強大，時常影響中正官考核人才，甚至後來僅限於門第出身，於是造成「上品無寒門，下品無世族」的現象。

　　到了隋代，隋文帝於開皇七年（587），下詔「應諸州貢士：上州歲貢三人，中州二人，下州一人，必有才行，不限其數。」隋煬帝大業元年（605）設進士科取士，而唐代繼承並發展這一制度，將科舉分爲常科、制科兩類。宋代的科舉制度，則確立了完整體制，取才標準也較爲公平，而宋太祖開寶六年（972）起，取錄的進士必須經由皇帝親自主持的殿試，並決定名次，故而稱爲「天子門生」。

　　明清時期的科舉考試，大致分爲：鄉試、會試、殿試等三階段。鄉試以前，有童試，即各地縣、府、院試，考中者皆稱爲生員。**鄉試**是省級考試，考中者稱爲舉人，第一名爲「解元」。**會試**是全國性質的考試，考中者稱爲貢士，第一名爲「會元」。**殿試**則是會試後舉行，由皇帝在皇宮之中舉行。因此，鄉試、會試、殿試若全部第一，則爲解元、會元、狀元，也就是所謂「三元及第」或「連中三元」，是文人極大的殊榮。自唐代以來，至明清時期，能夠獲得「連中三元」的稱號者，不及二十人，足見困難的程度。

　　鄉試、會試，都是三年一次，考三場，每場三日，鄉試多在秋天八月舉行，稱爲「秋闈」。會試則在次年春天舉行，稱爲「春闈」。考試地點則在各地貢院的號舍，進行九天的考試。

　　殿試，是取得進士資格的最後一道關卡，大約每三年一次，會試及

格者，通常是由皇帝親自決定名次，有時皇帝甚至親自主持考試。宋代將取得進士資格者，分爲五甲。明清時期則分爲三甲，殿試第一等稱爲「一甲」，賜「進士及第」，只錄取三人，即狀元、探花、榜眼。第二等爲「二甲」，賜「進士出身」；第三等爲「三甲」，賜「同進士出身」。這批數百人的進士們，因形式上由皇帝擔任主考官，所以稱爲「天子門生」，身分極爲崇高，之後再由吏部授予不同的官職。

　　此外，除了考試內容的應答之外，還有一個書寫的要件，就是楷書字體要寫得工整、漂亮，也就是所謂**「楷法中程」**。明清以來對於應考的文字、書跡，都有一定的要求，明代大多是以永樂時期的沈度（1357-1434）書法爲主，因爲字體清秀婉麗、大小齊平、方正光潔，被明成祖譽爲「我朝王羲之」，其字體則被稱爲「館閣體」，之後成爲朝廷公文書體的標準範本。因此考生在科舉應試的書體，若能學習館閣體，則容易受到考官青睞。

　　到了清代，仍舊延續此種傳統，強調館閣體的書寫，甚至又稱爲「干祿體」，表示若能寫得一手好字，容易進入仕途。洪亮吉（1746-1809）《江北詩話》曾說：「今楷書之勻圓豐滿者，謂之館閣體。」清代文人龔自珍（1792-1841），就曾因爲楷書寫得不甚優秀，於是殿試名次不佳，不列優等，在三甲十九名：「龔自珍中禮部試，殿上三試，三不及格，不入翰林。」後來他在〈干祿新書自序〉提到：「先殿試旬日爲覆試，遴楷法如之。殿試後五日，或六日、七日，爲朝考，遴楷法如之。三試皆高列，乃授翰林院官。本朝宰輔，必由翰林院官。卿貳及封疆大臣，由翰林者大半。」其中所提及的「遴楷法如之」，就是皇帝或考官會藉由觀看考生的楷書，是否書寫工整、秀麗與否。因此如果試卷內容優異，楷書又工整，就很容易取得較好的名次，進入翰林院，進而成爲軍機大臣、封疆大吏等高官。所以，楷書字跡工整與否，也可能影響科舉的成績結果。

　　自宋代以來，科舉考試競爭逐漸激烈，根據研究，明清的進士錄取比例，大約在10%以下，到了清代中葉的乾隆時期以後，考生動輒五千多

人，僅選出兩百多名的進士，錄取率約在5%以下，可見考生參與的積極
程度，以及背後所承受的巨大期待與壓力。

(二)預防舞弊的措施

　　由於經過科舉而取得功名，可以獲得任官資格，在經濟與社會地位
都能獲得優待與尊崇，因此許多讀書人都渴望的積極追求，但因競爭者眾
多，於是為求成功達到目的，逐漸出現許多的科舉舞弊情形。為此，官方
也有許多防制舞弊的規定與措施：

　　禁止洩題：為了考試的公平性，嚴格禁止考試的主考官與相關人員，
將考題洩題，或私下販售。而考題洩漏所引起「科場案」，最著名的就是
明弘治十二年（1499）己未科會試舞弊案，考生唐寅（1470-1524，字伯
虎）與徐經（1473-1507），因涉及考卷洩題，被戶科給事中華昶加以彈
劾，致使主考官程敏政（1445-1499）被強迫退休，而唐寅與徐經被黜充
吏役，永遠剝奪考試資格。由於此事頗多疑點，後人因同情唐寅，進而延
伸虛構出「唐伯虎點秋香」的故事。

　　清代若發生考題洩漏的案件，相關處罰更為嚴屬，順治十四年
（1657）分別發生順天、江南的兩地鄉試科場案。順天鄉試案，主考官多
人公開受賄，結果李振鄴等七名處斬，涉案百餘官吏，流放到北方嚴寒之
地的寧古塔；江南鄉試案，以主考官方猷偏袒私心錄取某些考生，結果方
猷等十七名處斬，部分考生籍沒家產、革去功名。

　　親屬迴避：科舉考試時，與考生有關係的主考官應該予以迴避，包括
親屬迴避、閱卷迴避、命題迴避等，以避免主考官利用親屬關係，進行舞
弊與包庇等行為。

　　彌封與謄錄：為避免讓考官認出考生字跡，或是利用暗號、標記等，
進行舞弊行為，於是規定考生試卷完成後，必須由專人重新抄寫、謄寫，
然後貼上封條。《宋史‧選舉志》記載，宋代設有「謄錄院」，考卷分批
之後，「去其卷首鄉貫狀，別以字號第之；付封彌官謄寫校勘」，由封彌

官進行謄寫、校勘，最後交由考官決定名次。明代則設置提調官、受卷官、彌封官、謄錄官等，分別負責收卷、密封、抄錄等工作。不過，並非謄錄就能阻止舞弊行為，宋真宗景德二年（1005），主考官陳堯諮為了錄取特定考生，事先就約定暗號、密語，作為識別的依據，所以考卷雖然經過彌封、謄錄等程序，但陳堯諮仍能以暗號作為區別，拔擢劉幾道為進士。

　　檢查考生：檢查考生的行囊、衣物，以防止夾帶小抄、書籍。宋代以來，就有檢查考生行李，甚至解開衣物的程序，之後宋真宗認為「聞貢院試諸科舉人，皆解衣，閱視，慮其挾藏書籍，失取士之體，宜令止之」，一度取消檢查行李與衣物。而明清時期仍恢復施行檢查制度，派差役進行考生的搜檢，明代即要求考生解衣脫帽，進行檢查，而清代《欽定禮部則例》則記載：「令搜檢人役，兩行排立，士子從中魚貫而入。以兩人搜檢一人，務令士子開襟解襪。」乾隆年間的順天鄉試，搜出了舞弊考生二十一人，《清會典事例》記載了當時場景：「或藏於衣帽，或藏於器具，且有藏於褻衣褌褲中者」。反映出嚴格的檢查與預防制度，仍遏止不了考官或考生舞弊的行為。

(三)冒籍與寄籍的問題：

　　明清以來科舉考試，有分區配額與原籍應試的原則，也就是考生必須在本籍應考，同時依照地區分為北、南卷，或北、中、南卷，錄取的名額比例也稍有不同。而各地方的鄉試錄取人數，則有定額，稱為「解額」，各地也略有不同。由於錄取人數、名額比例，也影響了考試的難易度，不少考生會刻意選擇避開競爭激烈的區域，改往其他競爭相對較小的地區，但是考生必須依照所在的籍貫，於當地進行考試，因此逐漸產生了冒籍與寄籍的問題。

　　冒籍，即假冒籍貫，到非本籍的地方進行考試。寄籍，則是假借依親、買賣等因素，進而假冒籍貫，到非本籍的地方進行考試。由於分區配

額，與原籍應試，是明清以來科舉取士的規則，而地區的取士配額，會依照各地文風高下、賦稅輕重、人口多寡等因素，進行調整，通常對於偏遠地區的學額予以優待。明初對於冒籍問題，處罰嚴厲，《萬曆野獲編・京闈冒籍》記載：「國初冒籍之禁頗嚴，然而不甚摘發。惟景泰四年，順天舉冒籍者十二人，時禮部主事周騤，請照例論罪，已中式者斥不錄，未中式者終身不許入試。」

清代為提升雲南、貴州等處的文化程度與素養，特別增加錄取的學額，以鼓勵優待當地學子，卻引來一些外地考生，以冒籍或寄籍的方式，前往雲南、貴州等邊境地區應考，侵奪當地學子的權益。乾隆元年（1736）江南道監察御史謝濟世，奏稱「至於雲、貴、川、廣人才寥落，冒籍多一人，則土著更少一人，列祖以來，垂念邊省，多方培植，冒籍之禁尤嚴。……其所以梗化出劫、敢於官兵為敵者，皆因外省通文識字、犯罪脫逃之人潛竄其中，或往來其地多方煽誘所致。是則此等地方，不特不許冒籍，亦並不許入籍；不特不許入籍考試，亦並不許流寓暫居，然後邊境得以安寧也。」謝濟世認為，冒籍與寄籍所帶來的問題，不僅只是科舉考試的配額，更是造成犯罪者混雜其中，導致邊境安寧的動盪。

不過，冒籍與寄籍的事例，仍層出不窮。以清代臺灣府為例，清代科舉會特編字號，以註明籍貫，保障名額，乾隆三年（1738）議准，如有十名以上臺灣舉人應試，則至少必須取中一名。在如此優惠之下，不少福建泉州府、漳州府的考生，都渡海來臺，冒籍或寄籍至臺灣府應考，乾隆時期的《臺灣志略》記載：「臺地舊日郡邑之中頗知讀書，鄉僻鮮能力學，其作為文章，又多因陋就簡，無甚色澤。故每逢應試，他郡之人得以冒籍僥倖。」乾隆二十九年（1764）御史李宜青，巡視臺灣時也說：「臺灣四縣應試，多福、興、泉、漳四府之人，稍通文墨，不得志本籍，則指同姓在臺居住者認為弟侄，公然赴考，……按名為臺之士，實則臺地無其人。」

更特別的是，竟有南方文士冒籍北京應考，於是清代乾隆時期，設

有「審音御史」，專門審查考生的口音，所謂：「順天應試，例有審音御史、驗看月官，則特派九卿、科道，皆宜悉心詢察」，以判定是否有冒籍的弊端。

四、科場案：考試舞弊的重大事件

歷代科舉考試為了追求客觀與公平，嚴格禁止考試舞弊，若有涉及舞弊，考官與考生都要予以嚴格處罰，歷史上稱之為「科場案」。明代著名的科場案，是弘治十二年（1499，己未科）的禮部會試案，其中牽涉到蘇州文人唐寅（1470-1524），也就是民間稱呼的唐伯虎。唐寅以蘇州府舉人榜首「解元」的身分，與好友江陰縣舉人徐經（1473-1507），一起進京參加會試，但會試過程中，被戶科給事中華昶等人，彈劾主考程敏政（1446-1499）私下洩漏試題，唐寅、徐經等人牽涉其中。於是明孝宗下令徹查，雖查無程敏政洩漏試題的證據，但徐經卻曾經私下面見程敏政，於是孝宗判定主考官程敏政「臨財苟得，有玷文衡」，罷官並勒令退休。徐經、唐寅以「夤緣求進」之罪除去二人功名，充吏役，此生不得參加科舉考試。華昶則因查無實證，判以誣告之嫌，降調南京太僕寺。

一場科場案，查無確切證據，卻讓所有相關人等都受到處罰，而唐寅、徐經被剝奪以後參加科舉考試的權力，這對於讀書人而言，無疑是種痛苦的折磨與打擊，更是對夢想的摧毀。雖然，唐寅之後以文藝繪畫聞名，但事實上唐寅仍舊希望，能夠取得功名、進士來完成夢想，但最後也只能抑鬱而終。後來，民間故事因為同情唐寅的遭遇，於是衍伸附會出「唐伯虎點秋香」的故事情節，而其中的華府華太師，就是影射華昶。有趣的是，這場弘治己未科會試案，除了革去功名的唐寅之外，徐經則是後來著名的旅遊文學家徐霞客（1587-1641）的曾祖父，另一位赫赫有名的是二甲進士王守仁（1472-1529），提倡「心學」的陽明學派創始人；至於一甲狀元的倫文敘，雖然考試能力優異，但在後來的仕途發展，與整體影響力，則遠不及前述三位。

　　相較於明代對於科場案的處置，清代的科場案處罰更為嚴厲。清順治十四年（1657，丁酉科）順天鄉試，因主考官李振鄴等人公開受賄，考生集體到文廟哭廟以示抗議，於是官員任克溥（？-1703）上疏：「北闈榜放後，途謠巷議，嘖有煩言，……賄買得中北闈之弊，不止一事。」順治皇帝下令察明後，將李振鄴、張我樸等官員七人處斬，家產籍沒，其他涉案人員一百多人，皆流放極北之地：寧古塔，也就是現在黑龍江一帶的極為寒冷之地。通常南方的文人，流放到這極北嚴寒之地，大多只有客死異鄉的結果。

　　此外，順治十四年的江南鄉試，也同樣發生了舞弊事件。工科給事中陰應節彈劾主考官方猷，因方姓宗族之故，私自錄取方章鉞為舉人，順治皇帝因而下令第二年的三月重新覆試，為了防止舞弊，考場戒備森嚴，甚至陳列刑具作為威嚇，以致於許多考生震驚失措，無法下筆。之後，主考官方猷、錢開宗等十七人全部處死，舉人方章鉞等數人，籍沒家產、革去功名，流放寧古塔。當時考生之中，有號稱「江左三鳳凰」的吳兆騫（1631-1684），卻無端捲入此次科場案，在流放寧古塔後，曾在〈上父母書〉提及：「寧古寒苦，天下所無，自春初到四月中旬，大風如雷鳴電擊，咫尺皆迷，五月至七月陰雨接連，八月中旬即下大雪，九月初河水盡凍。雪才到地，即成堅冰，一望千里，皆茫茫白雪。」一位才華洋溢的文士，被流放到北方蒼茫白雪的極寒之地，內心的痛苦與絕望可知，事隔二十三年之後，才經由納蘭明珠、徐乾學等文官相救，重新返回故鄉蘇州。

五、應考者的榮耀與掙扎

　　讀書人若一舉成名，身分地位會隨之上升，尤其是宋代殿試制的創立，改變唐代「恩歸有司」的做法，變為「恩由主上」，意義至為重大。唐代以前，科舉主試官員負責，然後授予其官職；但是宋代以後，有時皇帝會出席最後的「殿試」，因此殿試及第的士人，形式上是由皇帝恩賜，

統稱爲「天子門生」，身分更爲榮耀。

　　自宋代以後，鼓勵文人讀書，形成濃厚的文人社會氛圍，爲了鼓勵讀書，並提升讀書人的地位，若是殿試合格之後，需經過唱名賜第、賜宴、朝謝、立題名碑、編登科錄等儀式，讓進士及第的士人，感受到尊榮的待遇，明清時代也都承襲這些儀式。其中「唱名賜第」，就是由皇帝親臨宮殿，朝中大臣入殿侍立，然後依次傳唱及第者的姓名，登殿受敕，隨即釋褐、賜綠袍、賜笏，表示已經脫離百姓階級，正式進入仕途成爲官員。

　　進入仕途之後，隨之而來官場上的人際網絡，可能會帶來各種形式的收入與財源，同時在社會上也具有身分地位。一般而言，考上科舉成爲進士，不僅在官場上較爲容易升遷，同時朝中重要的大臣，多由進士出身者擔任，因此具有進士身分者，貴不可言。北宋皇帝宋眞宗（968-1022）著名〈勸學篇〉，就提到：「富家不用買良田，書中自有千鍾粟；安居不用架高堂，書中自有黃金屋；娶妻莫恨無良媒，書中自有顏如玉；出門莫恨無人隨，書中車馬多如簇，男兒欲遂平生志，五經勤向窗前讀。」只要能認眞讀書，考上科舉考試，取得功名，晉升到官員階級，不僅衣服會變得更華麗精緻，其他的房屋、田產、婚姻、車馬等，都會隨之而來，也就是所謂：「十年窗下無人問，一舉成名天下知」。因此，讓許多讀書人都趨之若鶩。

　　然而，伴隨追求科舉功名與榮耀而來的，可能是長時間的精神壓力與折磨。一般科舉考試的規定，有：地區、人數等限制，唯一沒有限制的是：年齡，也就是說可以一直參加科舉考試，直到老死，所以在史料上常有記載，多年努力應考的「老童生」，這些對身理、心理都造成許多壓力。〈觀榜圖〉前段畫作的最右，就描寫了一位讀書人是由童子攙扶前行，似稍有年紀，就反映出這種社會現象。

　　由於科舉考試競爭極爲激烈，歷代常有一些著名的士人，雖屢次考不上，受挫後仍再接續努力。例如唐代的孟郊（751-814）屢試不第、羅隱（833-910）科舉十次不中。明代的文徵明（1470-1559）是九次都未能

考取，徐渭（1521-1593）更是八次應試不中，只得擔任官員胡宗憲的幕僚。清代的魏源（1794-1857）屢次落第，五十二歲時才被皇帝賞賜爲恩科進士。蒲松齡（1640-1715）從十九歲開始屢試不中，七十一歲仍未考取秀才，於是憤而寫下《聊齋志異》。而清末《點石齋畫報》有一篇〈考終命〉的報導，描寫一位六十多歲的老童生，一生耗費青春的參加科舉考試，甚至在名冊登記年齡爲八十多歲，希望能以高齡得到朝廷賞賜的功名，結果考試果然名列前茅，高興之餘，卻不小心走路摔倒，於是喪命。

　　傳統讀書人既然視考上科舉爲人生唯一目標，若未考取，只能一再地努力應考，由於沒有年齡限制，多數是持續到年老爲止，或不得已而放棄。這種屢次挫折的精神打擊極大，有些人可能因精神壓力而產生喪志、幻聽、恍惚等症狀，或是因爲內心憤恨而反抗朝廷。唐末的黃巢（835-884）就是屢次考不上進士科考試，屢經波折之後，於是起兵反叛，釀成黃巢之亂。北宋的張元（？-1044）也因屢試不第，最後更在殿試中不幸落黜，心灰意冷之下，憤而投靠西夏，受西夏開國皇帝李元昊重用，被任命爲太師、尚書令，數次擊敗北宋大軍。

　　清代《儒林外史》描所寫的范進，是位五十幾歲的老秀才，屢次考不上舉人，受到鄰里與岳父的鄙視，然而中舉之後，因爲過度高興而得了失心瘋，最後是岳父胡屠戶的一巴掌，才得以恢復正常。而洪秀全（1814-1864），更是因爲三次府試落選，爲此深受打擊，回家之後重病，一度昏迷，醒後即宣稱夢見老者，要他奉上天旨意，到人間斬妖除魔，進而創立「拜上帝會」，反抗清政府，建立太平天國，全盛時期幾乎占去清廷大半江山。

　　以上都描繪出讀書人終其一生，無論自願與否，都是爲了追求科舉考試的榮耀，運氣好時，一帆風順取得進士資格；運氣不好時，則屢受挫折，甚至耗費了一生青春，反映出科舉帶來的榮耀與無奈。

六、想像富貴與紙上遊戲：陞官圖

　　通過科舉考試既然是讀書人追求的夢想，明代《明狀元圖考》曾描寫許多讀書作夢，夢見仙人、祥瑞等徵兆，反映出追求仕宦的強烈慾望，但面對巨大的競爭壓力，加上無法進入仕途的憂慮，應如何排解這種壓力與焦慮？於是出現「陞官圖」的遊戲，以作為讀書人的滿足與想像。陞官圖，顧名思義就是扮演讀書人在官場上，升遷、貶謫等仕宦生涯，類似現今擲骰子、翻卡片的大富翁紙上遊戲。

　　陞官圖，又名彩選格、選官圖、選格、陞卿圖等，史料記載最早出現於唐代，宋代以後逐漸流行。唐代文人房千里〈骰子選格序〉，提及：「（開成三年春）遇二、三子號進士者，以六骰雙雙為戲，更投局上，以數多少為進身職官之差數，豐貴而約賤。卒局，座客有為尉掾而止者，有貴為相臣將臣者，有連得美名而後不振者，有始甚微而升於上位者。」所謂以六骰，即相互投擲點數，以決定遊戲步數、官職升遷的差異。房千里也提及，遊戲的士子在終局各有差異，或為尉掾，或為將相，如同人生際遇，起伏不定，因此感嘆「吾今貴者，亦數刻之樂耳。雖久促稍異，其歸於偶也同。列禦寇敍穆天子夢遊事，近者沈拾遺述枕中事，彼皆異類微物，且猶竊爵位以加人，或一瞬為數十歲。吾果斯人也，又安知數刻之樂，果不及數年之榮耶？」陞官選格的遊戲，對一般人而言，或許只是作為消遣娛樂的方式，但對房千里這種感懷人事變遷的文人而言，可能更富有人生哲理的深切思考。

　　宋代以後，延續唐代的選格遊戲加以改良，晁公武《郡齋讀書志》記載《采選集》四卷，稱當時「本朝踵之者有趙明遠、尹師魯。元豐官制行，有宋保國，皆取一時官制為之。至劉貢父獨因其法，取西漢官制，陞黜次第為之，又取本傳所以陞黜之語注其下，局終遂可類次其語為一傳，博戲中最為雅馴。」於是宋代的彩選格，是以宋朝職官官制進行遊戲，而劉貢父則改以西漢官制、陞黜次第等規則，成為了新的遊戲，無論如何，

顯然在宋代文人之間，也曾流行彩選格的遊戲。

　　到了明清以來，陞官圖遊戲更為常見，清代文人劉獻廷《廣陽雜記》記載：「予在衙署中度歲，日聞堂中競擲『陞官圖』喧笑，不知此中有何意味，而諸公耽之至此。」而趙翼《陔餘叢考・陞官圖》：「世俗局戲有陞官圖，開列大小官位於紙上，以明瓊擲之，計點數之多寡，以定升降。」可見無論官吏人等與一般民眾，都可以擲骰子玩樂，從中遊戲尋找樂趣。雖然劉獻廷認為這種遊戲沒什麼意思，但是藉由紙上的消遣娛樂，不僅可以消磨時間，更可以透過遊戲過程，享受並想像官場上一步登天，或革除功名的升官樂趣。

　　這種傳統的彩選格、陞官圖等遊戲，也曾透過文化交流，傳播到歐洲世界。十七世紀著名的英國東方學學者湯瑪斯・海德（Thomas Hyde，1639-1703），曾經對東方的遊戲、棋類進行研究，1694年以拉丁文完成遊戲史的研究代巨著《東方局戲》（De Ludis Orientalibus libri duo），書中引用並保存了許多阿拉伯文、波斯文與中文等，以原始資料和插圖，介紹各類的棋類與遊戲，其中便收錄了「陞官圖」的遊戲。

　　既然科舉考試有著無比的壓力，即使進入仕途，也未必一帆風順，可能遭遇許多人事之間的波折。因此，藉由遊戲的娛樂消遣，想像著難以觸及的功名利祿、榮華富貴，也可稍微滿足個人的慾望，或許也是陞官圖等遊戲，得以歷久不衰的原因。

第七章

大航海時代的探索與開展

　　東西方進入大航海時代，有其不同的動機與誘因，除了政治、經濟、宗教因素之外，還必須具備航海知識、造船技術等條件。藉由航海時代的探索，促進了歐洲對世界地理的理解，產生工業革命、科學發展，促使各地的生物、農作物、人種等大規模交換。隨之而來的負面效應，則有殖民主義擴張、經濟的掠奪破壞，以及疾病散播等。不過，航海探索也建構了現代對於全球的認知，使人類活動逐漸進入全球化的發展歷程。

一、早期的世界圖像與建構

　　我們現代認知的世界圖像，是經由不斷的探索、觀測等知識所建構出來，形成普遍認知與定義的五大洲或七大洲等，地理知識的體系。然而最早的世界圖像，是如何的樣貌？1881年，考古學家霍姆茲德・拉薩姆（Hormuzd Rassam）在挖掘巴比倫古城西巴爾（Sippar）的遺址廢墟時，發現了一塊兩千五百年前的楔形文字泥板的小碎片，經十九世紀末學者的研究，並將楔形文字泥板轉譯成英文後，才得知泥板上所呈現的，是當時巴比倫的「世界地圖」圖像，這也是目前已知的第一幅世界地圖，現收藏於大英博物館。

　　泥板所呈現的，是最早從上往下觀看世界，即以鳥瞰的視角，表現整個世界的平面圖。此圖由兩個同心圓組成，外圈表示環繞著人居世界的海洋，內圈的內側表示河流、高山、水道，以及各個城市與區域。在外圍的三角形所標示、描述異國的動物，包括變色龍、野生山羊、鴕鳥、獅子和狼，以及神祕遙遠的其他地方。因此，泥板的圖文記載，不僅是呈現當時世界環境的地圖，更是古代巴比倫人的宇宙概念。

　　中世紀的歐洲，在宗教神學的發展之下，出現以簡單的幾何形狀，來示意整個世界，最爲常見的是T-O地圖。圖像的外圍是圓形環狀的海洋（即「O」），中間爲圓形的陸地，陸地則被水域分割爲三塊（即「T」），分別對應當時已知的三大洲地理知識：歐洲、亞洲、非洲。有時則會對照《聖經‧創世紀》之中，諾亞（Noah）的三個兒子：歐洲是雅弗（Japheth），亞洲是閃（Shem），非洲是含（Ham），而地圖的中心，有時則會標示出耶路撒冷（Jerusalem）作爲世界的中心，位於地圖的正中央。T-O地圖雖然不是經由觀測描繪，而製成的客觀地理地圖，但是仍反映出中世紀的歐洲，在基督神學思想的影響之下，所呈現的世界觀。

　　十六世紀末，歐洲對眞實世界的探索與確認，開始產生興趣，於是出現世界地圖的觀測與繪製，由於當時歐洲對於以外地區的概念仍相當模糊，於是地圖的繪製，常常呈現出歐洲中心立場概念，與他者想像的諸多因素，以1581年所繪製的世界地圖、歐洲地圖與亞洲地圖，能看出端倪。

　　1581年，所繪製的世界地圖，是以三葉酢漿草呈現，中央位置標示出耶路撒冷（Jerusalem），是猶太教、基督教、伊斯蘭教的聖地。其餘三葉酢漿草分別是：歐洲、亞洲、非洲，而在左下的角落，則標示出一小塊的美洲。歐洲、亞洲、非洲的呈現，大致上仍受到中世紀T-O地圖的概念，只是改用三葉酢漿草的形式呈現。但美洲（America）的出現，則代表當時航海探險的知識，已經讓當時的歐洲理解，美洲大陸的存在。

　　1581年，所繪製歐洲地圖與亞洲地圖，則同樣具有想像的成分，但仍可看出當時對於世界的認知與想像。歐洲地圖，是以平躺的皇后形象呈現，依據部位不同，標示出不同的國家：后冠和頭部爲西班牙、葡萄牙。上半身則爲：法國、普魯士。領口爲：阿爾卑斯山。雙臂則爲：義大利、日德蘭半島。整體地圖的繪製，可能是十六世紀當時的神權、君權等影響，所予以繪製的，而非是以精準、客觀的地理方位。

　　亞洲地圖，則是以飛馬呈現。頭部的部分，主要是小亞細亞。兩條前腿則是阿拉伯，後腿則是印度半島和東南亞。臀部則是遠東地區，馬鞍是

波斯。雙翼翅膀則是韃靼（Tartar），是概指塔塔爾族與俄羅斯等地的韃靼族。雖然上述的歐洲地圖、亞洲地圖，有著想像的成分，卻反映出西方對於所謂世界地理的認知，以及對地理探索的渴望與動機，因並逐漸刺激大航海探險的時代來臨。

　　不過，要進入大航海探險的時代，仍須具備一些條件與因素，包括對海洋認知、航海動機、地理環境、航海技術、造船技術等，這些都影響了海洋探索的積極與否，以及參與程度、動機。相較之下，海島型與半島型國家，比起陸地型的國家，更容易接觸海洋知識，位於海上探險也較具有積極、正面的態度。其中的政治、經濟、宗教等因素，則是影響海上探險活動的發展，能否持續下去的條件。至於造船技術、航海技術，則是客觀的技術與科技層面，技術層級越高，海上探險的船艦規模、航行時間、航行範圍等，相對地影響越為廣大。

二、東方海上探險的出現

㈠伊斯蘭探險家：伊本巴圖塔

　　伊本・巴圖塔（Ibn Battuta，1304-1377），出生於摩洛哥，二十歲時前往麥加朝聖，旅途長達117,000公里，歷經四十四個國家。根據所流傳的《伊本・巴圖塔遊記》（*Rihla ibn Battuta*），提到他旅行與行經的路線，包括麥加、伊兒汗國、東非、金帳汗國、德里蘇丹國、東南亞、中國元朝、西非、西班牙和摩洛哥等地。

　　伊本・巴圖塔少年時就立志到麥加（Mecca，或Makkah）朝聖，而這也是他身為穆斯林的五種義務：證信（Shabadah）、禮拜（Salat）、齋戒（Sawm）、天課（Zakaat）、朝聖（Hajji）。除了前往麥加朝聖之外，同時也想遊歷世界，此後便開始啓程向西探險，並藉由自身的才學、見識，在旅途過程中獲得各國國王的賞識，獲得各項的資金與幫助，進而持續前往各地的旅程。1324年，他沿著北非海岸經過開羅，前往麥加，並選擇最短的路徑，即溯尼羅河而上，經過紅海，最後於1326年抵達麥加。

　　此後，還穿越沙烏地阿拉伯境內的沙漠，抵達伊兒汗國的巴格達城
（Baghdad），然後轉往東非、東南亞等地，並經過麻六甲海峽（Strait
of Malacca），約在1345-1346年之間，還到達元代的泉州，之後再從泉
州經杭州，前往大都（北京）。再經過西非的馬里（Mali Empire）、馬
格里布（Maghreb）、西班牙等地，返回故鄉摩洛哥。當時摩洛哥蘇丹阿
布伊南（Abu Inan Faris，1329-1358），聽聞伊本‧巴圖塔的旅行經歷之
後，還特地派遣學者記錄其經歷過程，並命名為《伊本‧巴圖塔遊記》
（Rihla ibn Battuta）。其經歷的航程距離與規模，超越了同時期左右的馬
可‧波羅（Marco Polo）。

　　遊記完成之後，在當時並未被受到應有的關注，直到十九世紀初的歐
洲學者，再將其翻譯後出版，之後又被翻譯成多種文字，才逐漸引起極大
的重視。經過研究考證，遊記大部分的內容記述都是可信，因此為十四世
紀的世界各國地理、風俗、文化等，提供了許多寶貴的資料。

(二)明朝的鄭和下西洋

　　傳統中國的官方大規模海上航行活動，最著名且具有影響性的，就是
明代初期的鄭和下西洋。然而鄭和的航海活動，則是建立在唐、宋以來的
海外貿易基礎之上。尤其是宋代東南沿海的泉州海外貿易，在北宋元祐二
年（1087）設置了泉州市舶司（或稱刺桐城），吸引大量伊斯蘭商人前來
貿易，甚至在泉州地居、娶妻生子，並設置專門的伊斯蘭社區、學校（史
料文獻稱為蕃坊、蕃學），以及清淨寺。至南宋紹興末年，泉州市舶司歲
入可達百萬緡之巨，約占全國總財政收入1/45。可見當時，宋代泉州海外
貿易的興盛，同時也為之後的明代鄭和下西洋，留下厚實的基礎。

　　鄭和（1371-1433），本姓馬，小字三寶，或三保，而「三保」一般
認為與「三寶奴」（Abdul Sabbur）有關，三寶奴之意為「真主之僕」，
因此民間又稱為「三保太監」或「三寶太監」。出身於雲南昆陽，先祖是
從西域來到雲南，後因元末戰爭，明朝軍隊攻入雲南，鄭和被俘虜後成為

太監，進入燕王朱棣（1360-1424）府邸，後被朱棣賜姓鄭，故稱鄭和。當燕王以靖難之變，取代建文帝自立為皇帝，是為明成祖，由於建文帝下落不明、生死未卜，明成祖為免日後建文帝再次奪權，於是遣人四處查探消息。史料記載，明成祖曾派遣官員胡濙（1375-1463）以巡視地方為名，在全國境內各處探查，而在外海部分，則派遣鄭和等人，出海進行探索，因此《明史》記載：「先（胡）濙未至，傳言建文帝蹈海去，帝分遣內臣鄭和數輩浮海下西洋，至是疑始釋。」之所以選擇鄭和，主要是因為鄭和是燕王府邸的舊人，而且具有穆斯林身分，對於海外語言、環境都有一定理解，有助於大規模的航海活動。

鄭和的航海活動，一般稱為「下西洋」，所謂「西洋」，是泛指明代時期的中南半島以西，以及東印度群島等海域，是相對模糊的大概念。而遠航的時間，是從永樂三年（1405）到宣德八年（1433）的二十八年之間，共有7次航行記錄，最遠達到非洲東岸附近。

第一次遠航在永樂三年（1405），隨行約兩萬餘人，船艦數十艘。《明太宗實錄》記載：「遣中官鄭和等，賫敕往西洋諸國……。鄭和統領舟師至古里等國。時海寇陳祖義，聚眾三佛齊國，劫掠番商，亦來犯我舟師，即有兵陰助，一鼓而殄滅之，至五年回。」三佛齊國，即位於今蘇門答臘島的國家。第二、三、四次遠航，則到達汶萊（渤泥）、泰國（暹羅）、柬埔寨（真臘）、孟加拉（榜葛剌）、印度、錫蘭山、蘇門答臘等地。

第五次遠航於永樂十五年（1417），經泉州、占城、爪哇，到阿拉伯半島，遠抵至非洲東岸，特使進獻各地野生動物。鄭和勒石立碑的〈天妃之神靈應記〉記載：「統領舟師往西域，其忽魯謨斯國進獅子、金錢豹、大西馬。阿丹國進麒麟，番名祖剌法，並長角馬哈獸。木骨都束國進花福鹿，並獅子。卜剌哇國進千里駱駝，並駝雞。爪哇、古里國，進縻里羔獸。若乃藏山隱海之靈物，沉沙棲陸之偉寶，莫不爭先呈獻。」由於進獻的各地動物，外貌與明代國內本地不同，或直接音譯，或視為靈獸。例如

當時所謂的麒麟即是長頸鹿、麋里羔獸則為牛羚。第六次遠航時，曾遭遇風暴襲擊，仍平安而返。第七次遠航時，鄭和病死於途中。

　　與鄭和航海的隨行官員、太監眾多，而其中的通事官，也有留下相關的記錄資料，包括馬歡《瀛涯勝覽》、費信《星槎勝覽》與鞏珍《西洋番國志》，都是關於鄭和下西洋的原始史料，特別是在鄭和的航海日誌與記錄，未能保存下來的狀況之下，上述三書的資料更為珍貴。其中尤以馬歡的《瀛涯勝覽》最為詳實重要，馬歡為浙江會稽人，也是穆斯林，曾將航海親身經歷寫下《瀛涯勝覽》，記錄了占城、爪哇、暹羅、滿剌加、蘇門答剌、錫蘭、榜葛剌、天方等國，相關的政治、風土、地理、人文、經濟狀況等，皆有詳細描述。例如提及「暹羅國」的婚姻、衣飾、鳥葬等風俗民情，比《西洋番國志》與《星槎勝覽》來得詳盡。

　　雖然鄭和的航海活動，在前期有著強烈的政治因素，並且受到官方的絕對支持，因此在船艦規模、人員編制、航行路線等，時間之長、規模之大，都堪稱史無前例。然而，在明成祖於永樂二十二年（1424）七月去世之後，繼任的明仁宗（1378-1425）幾乎停止所有的航海活動，而鄭和的官方航海日誌與記錄，並未被保存下來。自此之後，再無大規模的官方航海活動。

　　從明初鄭和的航海活動，開始到結束的經過，反映出傳統帝國的海洋認知與價值觀，即海禁政策的施行，與朝貢外交體系，兩者之間息息相關。由於傳統帝國的朝貢外交體系，是以宗主國自居，四方邊境國家，應當「萬國來朝」，於是對於各國的風俗民情，並未主動積極的探索，更不像後來的歐洲各國，藉由海上探險與貿易，獲得經濟的大量收益。加上海禁政策的施行，官方並不積極進行航海活動，同時也禁止民間出海，以致於對海洋知識的不甚理解，也不主動進行探索。由於上述兩種特性，致使傳統帝國在宋、明以來，即使擁有造船技術、過洋牽星術、指南針等，精湛的航海工具與技術，對於航海活動官方並未採取正面且積極地推動，以致於鄭和下西洋，終究成為曇花一現的航海活動。

三、馬可‧波羅的遊記與東方描寫

馬可‧波羅（Marco Polo，1254-1324），威尼斯商人，曾隨著父親、叔叔進行海外貿易與旅行，有兩次遠航的歷程。1266年，曾經隨父親遠航至東方，抵達當時元代的上都（開平）、首都大都（又稱汗八里，即今北京），之後返回家鄉威尼斯。1298年，因當時威尼斯（Venice）與熱那亞（Republic of Genoa）進行戰爭，馬可‧波羅參戰後，戰敗被俘虜，囚禁於監獄，於是在獄中口述旅行經歷，由獄友魯斯蒂謙（Rustichello da Pisa）代筆寫下《馬可‧波羅遊記》（*The Travels of Marco Polo*，或*The Million*）。

《馬可‧波羅遊記》內容共有四卷，第一卷敘述在前往東方航路上，所經過的中東和中亞等記錄。第二卷敘述中國元朝，和忽必烈的事蹟。第三卷敘述東方沿海地區的國家，包括日本、印度、斯里蘭卡、東南亞，以及非洲東岸等情形。第四卷敘述元朝蒙古與各國之間的戰爭。整體而言，遊記所記載的國家、城市等地名達百餘個，同時也記錄各地山川、地形、物產、氣候、貿易、宗教、風俗習慣等，對於十三世紀左右的地理知識、東西文化、風俗與交通等，都有其歷史價值。

根據《馬可波羅遊記》的記載，馬可‧波羅曾於大都王廷，得到元世祖忽必烈的接見，並於1292年與父親受到忽必烈委託，與使者兀魯等人，從泉州出發，經海路護送蒙古公主闊闊真（卜魯罕氏），在經印度洋航行兩年之後，抵達伊兒汗國（Ilkhanate）成婚。之後，於1295年返回家鄉威尼斯。同時，馬可‧波羅也宣稱，自己準備動身返回歐洲之前，天主教方濟各會的神父孟高維諾（Montecorvino，1247-1328）受到教宗尼閣四世（Nicolaus PP. IV，1227-1292）派遣，於1291年經海路抵達中國的泉州。

《馬可波羅遊記》的真實性，一直以來都受到討論，即使馬可‧波羅當時在故鄉威尼斯，以及獄中口述時，許多人都對他的旅行事蹟，雖然充滿著好奇的興趣，但對於事件的真實性，則多是半信半疑。加上馬可‧

波羅口述見聞時，多有誇張的敘述，就被當時的人取綽號為「百萬先生」（Il Milione）。在當時義大利初版的書名，就稱為《馬可波羅之書：百萬先生》（*The Book of Marco Polo, nicknamed 'Milione'*）。

即使現在的學界研究，仍有兩派不同的見解，一派認為馬可・波羅所描述東方生活的很多細節，以及建築、風俗、物品等，都有明顯的錯誤，或完全沒有記載；更有研究則認為，中國官方文獻沒有馬可・波羅家族的直接記錄，其家族財產之中，也沒有任何來自中國的物件，因此推測他根本未到過中國，甚至只是在中東黑海地區，遇上伊兒汗國的商人，聽其轉述蒙古帝國、元朝、日本等地的故事而已。

另一派研究則認為，藉由間接的文獻資料，可以證明馬可・波羅所描寫的東方或中國事物、人名等，是詳盡而準確的，也同時證明他確實到過中國。

關於《馬可波羅遊記》所記載的真實性，受到了許多的質疑與討論，但是遊記所帶來的影響，則是十分廣泛而重要，開啟了西方對東方世界的探討與好奇。相較於十三至十四世紀同時期的《伊本・巴圖塔遊記》，雖然馬可・波羅並非第一位抵達東方的歐洲人，但是遊記詳細的旅行記錄，則受到極大廣泛的傳播，即使《馬可波羅遊記》的內容遭到質疑，卻仍對歐洲社會產生直接的影響，致使當時歐洲人對於東方的風情，產生許多的關注與想像。同時，馬可・波羅的經歷也間接激發了許多歐洲人探險的熱潮，其中哥倫布（Cristoforo Colombo，1451-1506）就是受到遊記內容啟發，而引發航海探險活動的動機的一人，此外還影響了歐洲的世界地圖製作。

四、西方海上霸權的興起

西方的早期海上探險活動，主要來自於西歐的兩個國家：葡萄牙與西班牙。尤其是葡萄牙王室的亨利王子（1394-1460），他對於後來歐洲在航海探險活動與發展，有著極為重要的影響。

㈠葡萄牙的航海活動

　　亨利王子對於航海探險與事業，有極高的熱情與夢想，他一生只有四次的海上航行經歷，而且都是在熟悉海域的短距離航行，然而他不僅建造了要塞觀察所、造船廠，並長時間推動航海活動，更有組織地贊助探險家進行海上探險，因此有「航海家」（Prince Henry the Navigator）的稱號。此後，亨利王子將海上探險與殖民擴張結合起來，使探險變成了能獲取龐大利益的事業，成為王室贊助的國家發展規劃，並進行有組織的探險活動，對未知世界進行大規模的冒險。

　　除了十五世紀初，亨利王子在大西洋的海上探險之外，也陸續影響葡萄牙王室與貴族的海上活動，首先是迪亞士航行至非洲南端的好望角，繼而有達伽馬航行至印度。

　　迪亞士（Bartolomeu Dias，1451-1500），是葡萄牙貴族，曾隨探險家參與黃金海岸的航行，之後受命於葡萄牙國王若昂二世（João II de Portugal，1455-1495），尋找一條繞過非洲大陸到達印度的貿易航線。於是在1487年8月，率領三艘船組成的探險隊，從里斯本出發，沿著非洲大陸的海岸航行，到達葡萄牙在西非的黃金海岸（Portuguese Gold Coast），再向南航行至非洲南端，並遭遇暴風吹至不知名的海角，迪亞士為此命名為「風暴角」，之後被葡萄牙國王若昂二世取名為「好望角」（Cape of Good Hope），寓意開闢東方航線的美好希望。而迪亞士此次航行的重大意義，是歐洲人首次開通大西洋和印度洋之間的新航線，標誌著可以繞過伊斯蘭世界，直接與印度或亞洲地區進行貿易。

　　達伽馬（Vasco da Gama，1469-1524），出生在葡萄牙的港口城市，自小對航海有著熱情，在迪亞士前往非洲大陸南端航線的基礎之下，於1497年7月率領四艘船隻啟程，從里斯本出發，預計往非洲和印度航行。經過東非的沿岸，於1498年5月，抵達印度西南部的卡里卡特（今科澤科德Calicut）。達伽馬此次航行的意義，是突破並擴展了葡萄牙的最遠航行路線，並且第一個抵達印度的航海家，更開通了前往印度的航線，之後更

被授予印度總督的稱號。

　　與此同時，**阿方索**（Afonso de Albuquerque，1453-1515）在葡萄牙國王若昂二世支持下，率領船隊於1503年繞過好望角，然後到達印度，並建立葡萄牙貿易站，奠定了葡萄牙往東方貿易的基礎，因此被授予「印度地方總督」的職務。此後更率領十餘艘船艦，在1511年8月抵達馬六甲（Melaka，即麻六甲），並於1513年初到達中國明朝的珠江三角洲，進行商業貿易。幾經交涉，於1557年得到中國明朝政府的許可，在華南珠江口西側的澳門（Macau）建立據點居住，成爲歐洲第一次直接與中國的商業互動。

㈡西班牙的航海活動

　　由於葡萄牙在海上探險的成就，與龐大的獲利，使西班牙王室也開始參與競爭海上活動。先後有哥倫布探險新大陸、麥哲倫繞行世界一周等，等新航路的發現。

　　哥倫布（Christopher Columbus，1451-1506），出身於西班牙的熱內亞，自幼便熱愛航海，由於當時歐洲國家需要東南亞的香料和黃金，但前往亞洲的路徑，其中的陸路爲鄂圖曼土耳其帝國所阻擋；另一條新興的海路，則要經由南非的好望角。而哥倫布深信，只要能向西航行穿越大西洋，就能找出一條前往亞洲的新航線，爲此向西班牙、葡萄牙、英國、法國等國的國王，尋求合作與資金協助，以實現到東方與印度的計畫，但都未能實現。經過十餘年後，終於得到西班牙女王伊莎貝拉一世（Isabella I of Castile，1451-1504）的資助。

　　1492年8月，哥倫布率領三艘帆船，從西班牙西南的帕洛斯港（Palos）出發，經過七十天無止盡的海上航行，終於抵達巴哈馬群島中的一個小島，哥倫布將其命名爲「聖薩爾瓦多」（San Salvador），也認爲自己抵達了東印度群島，並將當地的居民稱爲「印第安人」（Indian）。於是，哥倫布爲西班牙王室取得新大陸的領土與資源，同時也被視爲探索未知

世界的精神象徵。此後，更引起後世所謂大規模的哥倫布大交換（The Columbian exchange），即生物、農作物、人種、文化、傳染病、與思想觀念等，大規模的交流影響與衝擊。

　　麥哲倫（Ferdinand Magellan，1480-1521），出生於葡萄牙北部城鎮，年輕時對航海活動很嚮往，相信地圓說的理論，認為地球是圓的，更有環球航行的動機與夢想。三十三歲時，麥哲倫向葡萄牙國王曼努埃爾一世（Manuel I de Portugal，1469-1521）建議組織船隊，進行環球的航行，但國王以東方貿易已經得到有效的控制，無須再開闢新航道而拒絕。於是，麥哲倫離開葡萄牙，於1518年3月，晉見西班牙國王卡洛斯一世（1516-1556，即神聖羅馬皇帝查理五世Karl V），獻上自製的地球儀，並再次提出了航海的請求，終於獲得西班牙國王的支持。

　　1519年8月，麥哲倫率領遠航船隊，從西班牙的塞維亞（Seville）出發，穿越大西洋之後，向南美洲航行，經過現今阿根廷海岸南方的狹窄海峽，後世命為「麥哲倫海峽」（Strait of Magellan），是太平洋與大西洋之間重要的航道。之後持續航行至摩鹿加群島（Moluccas Islands），或稱為香料群島，並開啟歐洲的香料貿易，取得大量商業利益。

　　歷經三年多的航行，船隊於1522年9月返回到西班牙的桑盧卡爾（Sanlúcar de Barrameda），原本出發的兩百七十人船員之中，已有兩百一十六人在航行旅途中喪生，包括麥哲倫自己，僅有十八人倖存下來。不過，此次麥哲倫環繞世界的航行壯舉，開始東、西方交流的契機，也是後世所謂全球化的開端。

五、海權發展與全球化的影響

㈠陸上霸權與海上霸權

　　無論是伊斯蘭的伊本巴圖塔、東方的鄭和，或西方的迪亞士與哥倫布等航海家，所進行的海上活動，都反映出海權時代的來臨與重要性。

　　在十五至十六世紀以前，各地區的王權統治，仍是以**陸上霸權**的思維

為主，亦即陸地的領土面積越廣大，人口越多、資源越豐富，則容易形成強大的王國或帝國。因此就地理環境而言，陸地型國家則具有優勢。

　　然而，海權時代所代表的**海上霸權**思維，則有所不同，即具有優良的船艦、準確的航海日誌記錄，擁有更多的航線、控制更多的港口，越能獲得更多的海外資源，可以獲取海外的龐大利潤。因此就地理環境而言，凡而是半島型、海島型國家更具有優勢。

　　當時的航海探險，主要以歐洲國家為主，最初是以西歐的西班牙與葡萄牙，此後因海上航行與貿易，開始獲得大量利益時，後期則有英國、荷蘭、法國等陸續的加入，甚至相互占領所屬的海外港口，或在海上進行掠奪，此後更紛紛前往印度、亞洲進行海外貿易，並在印度各地占領港口，設立東印度公司，作為到遠東貿易的中繼站。

　　從1600年開始，英國、荷蘭、丹麥、葡萄牙、法國、瑞典等國，都在印度設有「東印度公司」，多屬於私人公司，但都獲得國王的特許，具有貿易、探險和殖民的目的，同時更擁有武裝艦隊。例如1600年成立的英國不列顛東印度公司（British East India Company，EIC），是英格蘭女王伊莉莎白一世授予該公司皇家特許狀，給予在印度貿易的特權，壟斷東印度貿易權長達兩個世紀之久，具有政治統治與軍事職能，甚至從商業貿易組織成為印度的實際主宰者。而成立於1602年的荷蘭東印度公司（Vereenigde Oost-Indische Compagnie，VOC），則是由十四家聯合組成的公司，並獲得荷蘭國王授權東方貿易壟斷權的特許公司。

　　然而海上霸權的發展，帶來了地理大探索，與多元文化的交流，卻也產生負面的影響，也就是殖民主義的擴張。歐洲的航海探險，產生了對各地的殖民經濟與掠奪破壞，甚至造成美洲殖民的侵略、非洲人民的擄掠，形成奴隸制度，都是歐洲海上霸權之下的負面影響。

㈡東西方海上探險的差異

　　從人類歷史發展來看，早在十四世紀的伊斯蘭探險家伊本巴圖塔、

十五世紀的鄭和航海活動，都遠比十六世紀西歐西班牙與葡萄牙的探險活動要來得早，但何以是西方歐洲推動了航海活動的高潮，並影響了世界的發展？或許可以從以下的幾個內在因素，看出東西方對航海活動探險的差異性。

1. 對海洋的認知與理解

　　無論是東方的傳統中國帝國或是伊斯蘭，主要都是偏向陸地型國家，因此政權發展與擴張，多與陸地資源取得有關，對於海洋的認知與理解，相對較爲不積極。尤其是中國傳統的帝國形態，在政治、外交與商業政策，多採取朝貢貿易體系，甚至在明清時期，還施行海禁政策，因此對航海活動，官方多採取消極或不支持的態度，在某種程度方面，阻擋了航海活動的發展。而西方歐洲的發展，從早期古希臘到羅馬的發展，幾乎都是圍繞在愛琴海（Aegean Sea）、地中海（Mediterranean）等，對於海洋的認知與理解較爲深刻，同時在地理環境上，又鄰近亞洲（兩河流域地區）、非洲（北非地區），對於外來文化的衝擊與吸納，都有一定程度的理解，因此有利於航海探險的動機。

2. 人口勞動與科學發展

　　西方的歐洲歷經了十四世紀流行的鼠疫，造成人口大量死亡，在缺乏人力的勞動之下，於是有了替代的科學技術與機械研究，同時在資本累積與對科學的鼓勵，於是引發了工業革命與改良。同時，文藝復興與啓蒙運動的興起，欲擺脫神學的知識架構，又造成科學知識的革新與探索，而哥白尼（Nicolaus Copernicus，1473-1543）「天體運行論」的宇宙觀，提出日心說理論，質疑天主教的「地球中心說」。這些科學知識的革新，都誘發了哥倫布探險的動機，進而影響航海探險活動。而傳統東方的人口多，勞動力充足，無須藉由科學革命的發展，而伊懋可（John Mark Dutton Elvin, 1938-）甚至提出「高水準平衡陷阱」假說（The High-level Equilibrium Trap），認爲人口增加引起了人與地比率的上升，造成勞動力的廉價，而資源和資本昂貴的結果，對勞動替代型技術的需求降低，也由

於人口膨脹，使得沒有足夠的剩餘資源去發展工業化，於是進入「高農業水平、高人口增長和低工業水平」的狀態。加上傳統社會對於科學研究的消極，也間接影響了航海探險活動。

3. 商業利益與官方推動

十四世紀的伊斯蘭探險家伊本‧巴圖塔，以個人的力量，進行探險，而十五世紀的鄭和航海活動，背後雖有國家力量的支持，但是具有濃厚的政治意圖，一旦政治目的消失了，航海活動就終止，這就是說明鄭和的大規模航海活動，何以在明成祖死後，就無法再進行海上探險。然而西方的歐洲則不同，無論是迪亞士、達伽馬、哥倫布、麥哲倫等人，背後都有葡萄牙或西班牙王室貴族的支持，而這些貴族的支持，除了宗教宣傳、王室光榮之外，最主要的就是商業利益，也就是所謂的3G熱潮：Gold、God、Glory。正由於獲得海外大量的收益，因此王室再挹注大量資金、投資技術，有了官方的持續支持與資助，才能進行更大規模而持續海上活動的探險。

(三)全球化的發展與影響

歐洲大規模的海上探險與發展，帶來了地理大探索，理解了歐洲陸地以外的世界，更建構了現代對於全球的認識，與地理科學的知識體系，包括陸地的亞洲、歐洲、非洲、大洋洲、美洲、大洋洲、南極洲等，與海洋的太平洋、大西洋、印度洋等，並促使各地多元文化的傳播與互動。開拓了人類居住環境的視野，也促使人類學、考古學等新興學科的產生，以及全球的生物、農作物、人種等大規模交換。尤其是玉米、馬鈴薯與番茄等作物的交流與輸入，因具有強大生產力與容易種植的特性，使得歐洲、亞洲的人口增加，都是人類歷史上的跨種族、跨地域的重要影響。

然而其負面的效應也隨之而來，歐洲的航海探險，所帶來的殖民主義擴張，產生了對各地的殖民經濟與掠奪破壞，例如造成美洲殖民的侵略，導致美洲原住民瑪雅人（Maya）、印加人（Inca）、阿茲提克人

（Aztec）等傳統文化的破壞；對非洲人民的擄掠，特別是非洲西部與中部的原住民，形成黑奴買賣奴隸制度，都是歐洲海上霸權之下的負面影響。此外，疾病傳入與散播，也是航海探險下的重大事件，例如歐洲的疾病傳入美洲後，因美洲原住民沒有抗體，導致人口大量死於天花，並對其文化造成重大打擊。

第八章

他者之眼：西方眼中的東方

　　從十五世紀到十七世紀時期，藉由大航海時代所帶動地理探索，使世界各地進入全球化的交流，進而產生許多融合、衝突與碰撞。從十八世紀英國使團的到來，引發清帝國對外國文化與禮儀的討論，而使節團隨行畫家亞歷山大的圖像與文本史料，反映出歐洲文化如何以他者（Other）作爲歷史的觀察者，分析西方眼中的東方圖像，所代表社會文化背後的各種知識訊息，並比較兩者之間的異同。同時，也可藉由西方文化的觀察視角，來觀看東方的日常社會與生活形態，以探討文化差異下的各種變化。

一、東西文化的差異與接觸

　　在十五至十六世紀的大航海時代以前，雖有陸上絲路作爲東西方交流的途徑，但兩種文化大致仍呈現的各自多元發展，即使有相互接觸，但仍多以個人或民間的貿易往來，比較沒有官方正式的大規模交流。自大航海時代發展以來，因海洋航行路線的出現，跨越了以往陸路區隔的界限，進入了全球化的發展，然而東西方的文化也因爲日趨頻繁的接觸，逐漸產生了想像、摩擦與衝突。

　　近代後殖民理論學者薩伊德（Edward W. Said，1935-2003）所提出的「東方主義」（Orientalism）概念，說明近代西方人對東方的意象，主要是在建立一個明顯的分野，突出西方文化的優越性，在此基礎之下，更提出了「他者」（Other）觀念，是指具文化主體性的強者觀看、定義、想像底下的弱者。因此，近代西方所建構的東方文化與論述，與眞實狀況可能差距很大，於是不同特質的東西方文化，也就從想像的層面，到實際接觸，進而產生誤會與摩擦。

　　1792年（即乾隆五十七年），英國使節團由馬戛爾尼伯爵（George Macartney，1737-1806）率領，來到清帝國請求通商，便是近代東西文化接觸與摩擦最著名的事例。馬戛爾尼受英國國王喬治三世（George III，1738-1820）之命，以為乾隆皇帝祝壽之名，組成訪華團，出使中國，既以「祝壽」為名，隨行所攜帶贈送禮物，約有：天體運行儀器、地球儀、織布機、蒸氣機、圖書、毯氈、軍用品等，總計約六百箱，以表示英國的文明程度。而此行最重要的目的，是以「通商」的經濟目的為主，希望藉由簽訂貿易條約，取得在清帝國的商業貿易活動，其中包括開放寧波、舟山、天津、廣州之中各一地為貿易港。於北京設立使館、英商自由出入廣東、減免貨物稅、允許教士傳教等項內容。

　　英國使節團於1792年9月26日從樸茨茅斯港（Portsmounth）出發之前，英國國內對於此次事件，有著不同的聲音，一派滿懷著期待與樂觀的立場，以馬戛爾尼伯爵使團為代表，認為可以與清帝國建立良好關係，進而達成通商貿易的經濟目的；另一派則持反面立場，不僅不樂觀，甚至認為將遭到拒絕而失敗。從詹姆斯・吉爾雷的諷刺畫，就透露出類似的訊息，當時英國諷刺漫畫家詹姆斯・吉爾雷（James Gillray），其作品具有強烈的政治和社會諷刺性，除了諷刺當時社會現狀之外，還曾在馬戛爾尼使節團出發之前，也就是9月14日，刊行一幅彩色版畫作品：〈The Reception of the Diplomatique and his Suite at the Court of Peking〉，虛構了此事將會失敗的場景。作品內容將東方皇帝的形象，表現出身形慵懶與肥胖，擺出輕蔑而冷漠的態度，對於英國所展示的各項製造、技術等禮物，並不感興趣的予以漠視。相較於東方皇帝的傲慢，單膝下跪的馬戛爾尼，呈上禮物清單與英國國王書信，背後的隨從則是面露戒慎驚恐，謹慎的手持禮物的使節團成員們。兩者之間，則形成了強烈的對比。雖然此幅作品的內容，在當時是虛構的諷刺畫，卻也不幸預測了未來的真實發展。

　　英國使節團於1792年9月出發，隔年6月抵達廣州，再前往北京，最後於1794年3月從澳門離開。英國使團此行來到北京，主要是以「祝壽」

爲名，實則希望達到「通商」的目的，取得在清帝國商業貿易活動的權
利。但是乾隆皇帝以天朝上國自居，將英國使團的祝壽目的，視爲是「朝
貢」，所有禮物都視爲是「貢品」，更要求馬戛爾尼行三跪九叩禮。根據
《清史稿》記載：「（乾隆）五十八年，英國王雅治遣使臣馬戛爾尼等來
朝貢，表請派人駐京，及通市浙江寧波、珠山、天津、廣東等地，並求減
關稅，不許。」同時，又因各自的文化價值差異，產生文化與禮儀認知的
衝突，最後在馬戛爾尼的堅持下，改行單膝下跪禮，爲此乾隆皇帝極不高
興，遂不再接見英國使節團，更拒絕了通商貿易的討論。隨即要求英國使
節團離開清帝國，在離開清帝國之前，乾隆皇帝允許官員陪伴與護衛，隨
同使節團路經浙江、山東、河北、江蘇、廣東等地，然後由澳門返回英國。

　　馬戛爾尼使節團雖然無法達成此行的目的，但使節團隨行畫家威廉・
亞歷山大（William Alexander，1767-1816），已將沿途所見，以素描與水
彩畫加以詳實記錄，包括乾隆皇帝接見使節團的場景，以及民間社會的官
員、將士、仕女、商販、工匠等各階層人物。對於隨行的清代文武官員，
都有如實而精確的描繪，並加以詳細的註解。在亞歷山大的所存留的繪
畫，部分仍有虛構的成分，例如乾隆皇帝接見使節團的場景，他本人並未
在場，是聽其他成員描述後繪製而出；但整體而言，可以看出其觀察與描
寫之精細，若有不理解之處，還會加以註解，這些作品曾在倫敦的皇家藝
術學會展出，並於1800年出版《中國風俗》（The Costume of China）畫
冊，介紹東方的風光，成爲了十八世紀的西方，了解「眞實」中國的重要
記錄。

二、西方眼中的東方意象轉變

　　早期歐洲對亞洲的接觸，主要以阿拉伯人爲媒介，自從大航海時代
所帶來的地理大發現，歐洲世界藉由海上路線，開啓了對東方主動而直
接的接觸。十八世紀以前的歐洲，對於東方有著濃厚的好感與想像，法
國國王路易十四（Louis XIV，1638-1715）對於東方風情極有好感，除

了在凡爾賽宮（Versailles）西側，城堡花園內建造中國瓷屋（Trianon de porcelaine）之外，在凡爾賽宮舉行的嘉年華會，路易十四常以裝扮成中國皇帝爲樂，乘著大轎，伴隨樂隊奏樂，而貴族公爵夫人們也常裝扮成東方婦女樣貌，盡情的歡樂。當時，流行牆面以瓷板或瓷器裝飾，擺飾成「中國房間」（Chambre chinoise）的風尚，而受到中國風的影響，所出現洛可可（Rococo）的藝術風格，在法國高度發展之後，從而流行至整個歐洲王室各地。

路易十四對於東方風情的喜愛，也想以實際行動，促進雙方的溝通與交流，曾於1685年派遣五位耶穌會傳教士，授予「國王數學家」稱號，至中國傳教。耶穌會傳教士之中，白晉（Joachim Bouvet，1656-1730）與張誠（Jean-François Gerbillon，1654-1707），到達清帝國時，尤其受到康熙皇帝賞識，留在清宮廷服務，甚至還教授康熙幾何、代數，與天文學、物理、醫學等知識；而李明（Louis-Daniel Lecomte，1655-1728）等其他傳教士，則允許至各省傳教。期間，兩人向康熙帝講授幾何學與數學，並講解《幾何原理》，也編寫了滿文的實用幾何學綱要，再將滿文講稿譯成漢文，由康熙親自審定作序，即現藏於北京故宮的滿文本《幾何原本》，與漢文本《數理精蘊》。

十年之後，白晉返回法國時，攜帶了康熙爲法王路易十四準備的禮物，諸如：人蔘、絲綢、錦緞、書籍、瓷器等，同時也撰寫報告呈遞給路易十四，之後又在巴黎出版《中國現狀圖像》、《康熙皇帝》等書，其中將康熙皇帝描繪成一位「哲人王」，讓當時已經在歐洲興起的中國熱（Chinoiserie），帶來更大的影響。

耶穌會士白晉所描寫的「哲人王」（Philosopher-King）形象，是源自於柏拉圖（Plato，427-347 B.C.）在《理想國》（The Republic）所描述，藉由烏托邦式（Utopia）的教育方式，並培養出哲學王，作爲理想國的政策立法者和決策者，不僅是智識中的菁英份子，更需具備堅守眞理、正義、勇氣與自制的基本原則。而將東方皇帝比喻爲哲人王，最早是從耶

穌會傳教士利瑪竇（Matteo Ricci，1552-1610）就開始了，利瑪竇藉由此
種描述，讓歐洲人更能有興趣地理解，並參與東方的風俗與文化。而白晉
則延續此種描述手法，將康熙塑造成完美君王的典型，進而在歐洲宮廷與
社會，引起極大而廣泛的興趣。啟蒙時代思想家伏爾泰（Voltaire，1694-
1778），也接受這種說法，認為康熙皇帝是傳教士所讚美的完美君王，因
此康熙的哲人王形象，已普遍在法國貴族社會流傳，反映出當時歐洲社會
對東方文化的浪漫想像。

對於東方風情的熱潮，也相互影響到歐洲的思想文化層面，除了伏爾
泰之外，還包括當時的哲學家萊布尼茲（Gottfried Wilhelm Leibniz，1646-
1716）、思想家孟德斯鳩（Baron de la Brède et de Montesquieu，1689-
1755）等人，都是基於當時歐洲科學革命時期的環境，追求通才、廣博
的知識學習，因此對於東方的中國文化極有興趣，甚至受到影響。而萊布
尼茲，不僅在哲學、法律有極高造詣，對數學也極有熱情，曾發表二進位
制的想法，以及計算器的製作，之後因緣際會閱讀了白晉在中國的相關報
導，得知了《易經》八卦思想，並與白晉相互通信討論，進而更鑽研二進
位制的研究，於1705年在《皇家科學院年鑑》發表，闡述了於二進位演算
法的表達方式、特點、優勢與用途，並論述對於中國伏羲文化的思考。

由於對康熙皇帝的興趣，與東方文化的喜好，路易十四也曾寫了一封
致中國皇帝的信函，並派遣一支傳教團，希望借道俄國前往中國，但其中
以陸路行經俄國時，被彼得大帝給攔下，於是傳教團與信件並未抵達清帝
國，信件則收藏於現在的法國外交部，這也延遲了雙方進行正式官方交流
的契機。

對於東方風情的想像與追逐，十八世紀的普魯士國王腓特烈二世
（Friedrich II，1712-1786），也仿照凡爾賽宮瓷屋的風格，於1745年建造
了洛可可式小型夏日宮殿：無憂宮（Schloss Sanssouci）。而其中的中國
樓（Chinesisches Haus），採圓亭形式，周圍有各種東方或亞洲人物形象
的雕像，均以鍍金裝飾。這些所謂東方人物的樣貌，許多是結合了部分歐

洲西方人物的臉孔與特點，或奏樂，或交談，或拿傘，或持茶壺等舉動，
整體而言，具有眞實與想像的雙重成分。

　　前往東方進行貿易通商，除了是資本主義興起的經濟需求，另外也是
從歐洲「中國風」的熱潮之下，所衍生出來的目的之一。不過，當時歐洲
對東方的態度轉變，同時也在十八世紀前後逐漸產生變化。以馬戛爾尼的
英國使節團爲例，當他們滿懷興奮的情緒，前往東方時，另一部分的人卻
並非如此樂觀，因此有英國諷刺漫畫家詹姆斯・吉爾雷諷刺畫的出現，代
表著對東方風情熱潮，已經產生衰退與變化。雖然諷刺畫內容是想像、虛
構的，卻竟也成爲日後的事實，同時更反映出當時歐洲社會對東方的過度
想像，在陸續的事實了解與實際接觸之下，逐漸產生極大的轉變。

　　事實上，當時的歐洲對於東方的想像，是混雜了許多民族文化的
特色，包括土耳其或伊斯蘭文化、印度文化、日本文化、中國文化等，
各種不同文化元素互相交融；同時，更摻雜了歐洲文化自身的想像成
分，於是形成多元文化的想像集合體。因此，威廉・亞歷山大（William
Alexander）所呈現的繪畫內容，所代表的重要性，就是將東方社會文化
「眞實」的詳實記錄，如實地帶到西方世界之中。

三、繪畫藝術與圖像所呈現的東方風情

　　由於路易十四對於東方風情的喜好，於凡爾賽宮舉辦許多嘉年華會，
曾裝扮成中國皇帝爲樂，同時也有中國風的壁毯流傳下來。壁毯，又稱
掛毯，是用來掛在牆壁上作爲裝飾的厚重紡織品，兼具保暖與隔音的作
用，常作爲宮廷裝飾，而現存路易十四的中國風情壁毯（A Louis XIV
Beauvais' Chinoiserie' Tapestry），常見有皇帝龍椅、孔雀羽毛、瓷器、瓷
盤、花瓶、茶具等東方物品的裝飾，而這些物品的象徵意涵，也時常出現
在描寫東方風情的畫作之中。

　　十八世紀法國宮廷首席畫師布雪（Francois Boucher，1703-1770），
爲著名的洛可可（Rococo）裝飾畫家，曾創作一系列中國繪畫作品，這

些作品有：〈梳洗〉（The Toilette，1742）、〈中國花園〉（The Chinese Garden，1742）、〈中國人的市場〉（The Chinese Market，1767-1769）等，另外還有描繪中國的皇帝、廟會、婚禮等系列作品，都反映出當時貴族社會的流行時尚。

〈梳洗〉（The Toilette），是1742年創作的油彩畫，內容呈現兩位的少女，在房間梳妝打扮的樣子，畫面呈現了十八世紀法國貴族女性的服飾、裝容、居家擺設，包括裙撐、緊身胸衣、高髮髻、絲襪等特徵，以及褶皺飛邊、蕾絲等裝飾，整體表現出纖柔、輕巧的洛可可宮廷藝術風格。其中，房間擺設中顯眼的金色屏風、花茶瓷器、團扇等擺設，則反映出當時貴族社會之中，所流行的東方風情時尚。

〈中國花園〉（The Chinese Garden），也是1742年創作的油彩畫，內容描寫東方的花園、涼亭的場景，除了人物穿著之外，還有大量寫實的物品，例如花瓷、花籃、團扇、中國傘等，雖然人物裝束很像是戲服，與當時清朝的服裝有差距，但東方風情的意味卻極為濃厚。

布雪創作所謂中國繪畫的一系列作品，受到當時貴族社會的喜好，但是有趣的是，布雪並沒有實地去過中國，畫作內容雖有些想像，但是其中描寫的東方物品，則是完全具體、符合事實，並非出於憑空臆想。主要是因為當時歐洲的海上探險，開啓了前往東方的航路，於是陸續至印度、亞洲等地貿易，而十七世紀以來，英、荷、葡、法等國相繼成立東印度公司，作為頻繁商務貿易的據點。所以，1664年成立的法國東印度公司，也經由貿易將東方的商品陸續帶到法國，布雪就在既有的真實物品上，構思接近相似的畫面，進而組成符合東方情調的畫作。而這種東方風情的表現，一時之間也成為歐洲貴族女性爭相仿效的風潮。

除了繪畫作品之外，歐洲貴族日常生活用品的掛毯，主要用來掛在牆壁作為裝飾的紡織品，兼具保暖與隔音作用，常作為宮廷裝飾，而掛毯此時也受到中國風的影響，融入多元素混搭的中國風特色。

十八世紀初期以來，法國博韋織毯廠（Beauvais），生產了一系列中

國宮廷題材的掛毯，分別表現了：皇帝的接見、皇帝的出行、打獵歸來、天文學家、採茶、皇帝登舟等主題，這些巨型掛毯，經常使用紅色和金色交織的鮮豔色調，強調皇家貴族生活的璀璨絢麗。

「皇帝的出行」掛毯，表現出在樹林葉茂、寶塔聳立的東方園林中，清朝皇帝坐在類似龍椅的王座上，遮蓋著具有西亞風情的幃帳，前方兩側有官員跪拜，身後有護衛、大象，旁邊則有皇后坐著有輪子的車轎，旁邊有僕人、侍女持傘伺候。而王座上方有孔雀裝飾，王座把手則是猛獸造型。天空則有造型怪異的神鳥，或是有翼的飛龍。另外，還有花瓶、花盆等裝飾。

「天文學家」掛毯，則是表現出中國皇帝接見耶穌會傳教士，傳教士身穿中式官服，旁邊為巨大的地球儀以及望遠鏡等科學儀器，似在討論天文知識，展現出東西方文化交流的寓意。而涼亭上則棲息孔雀，遠方則為棕櫚樹、寶塔樓閣，都是東方意象的標準元素。圖像描繪出中國皇帝對天文知識的興趣，暗示出歐洲社會期待東西方的文化，有進一步交流的可能性。

此外，約在同時期的華鐸（Jean-Antoine Watteau，1684-1721），雖然不同於布雪受到皇室貴族的喜愛與支持，迎合歐洲貴族社會，而創作相關藝術繪畫作品，但也基於對中國風情的興趣，創作了〈中國皇帝〉、〈中國韃靼人物畫〉等系列繪畫，其中的人物，多有夢幻般浪漫的形象，並融入花、鳥等元素，成為之後中國風設計的基調和模式。1719年，華鐸為皇室的繆埃特狩獵城堡（Chateau de la Muette），繪製的〈中國韃靼人物畫〉（Figures Chinoiseset Tartares）系列壁畫，展示中國式的生活場景。其中一幅〈中國花園〉，描繪夫妻與孩童在花園玩樂的場景，身穿具有東方特色的交領衣飾，母親手搖扇子觀看小孩嬉戲，父親頭戴尖型斗笠休憩，所處花園展現出田園風光，投射出當時歐洲人對東方的想像。

無論是布雪或華鐸的繪畫、掛毯、壁畫等作品，所呈現的東方文化想像，大多是以傳教士的回憶錄與書信，以及東方瓷器等物品為依據，然後

進行創作與想像，因此大多融合了西亞、非洲、伊斯蘭等多國的文化風情與元素，與現實的東方或中國差距頗大。但從這些壁毯作品，仍然可以看出當時歐洲人對東方化的意象，大致有：笠狀帽、八字鬍、孔雀、涼亭、傘蓋、寶塔等固定的文化元素。

四、威廉‧亞歷山大的清代社會描繪

英國使節團隨行畫家威廉‧亞歷山大（William Alexander），將沿途所見的人事景物，以精準掌握的寫實繪畫方式加以記錄，大致分成：

㈠清代皇帝與官員

關於乾隆皇帝的畫像，由於威廉‧亞歷山大並未親眼見過乾隆皇帝，所以圖像大多是根據其他隨行成員的描述，加上合理的想像而加以完成。

至於官員的形象，描繪得最為詳盡，舉凡補子、朝珠、朝靴、頂戴等，都畫得鉅細靡遺，甚至不少的素描草稿，都還有配件註解與說明。這可能與使節團與護送的官員朝夕相處，近距離的觀察有關。

畫作之中，還特別詳實保留了當時隨行的清代官員圖像。〈喬大人〉圖，是描寫天津道道員喬人傑（1740-1804），屬於文官，在使節團訪華期間，授命全程陪同數月之久，所以畫家將他的容貌、服飾、配件等，完全真實的描寫下來：「中國官員外表的榮耀，通常是通過官帽的頂子來區別的。喬大人帽子上是顆藍頂子，上面懸有一支孔雀翎，那是附加的品級標誌。他穿著整套的朝服，外面是件寬大的緞子長袍，裡面是件帶有絲繡的內袍。絲繡的色彩極為明麗，長袍的胸前和背後，各有一塊方形徽章，那也是複雜的絲繡品。上面繡有一隻鳥，這意味著穿此補子的是位文官；同樣地，如果補子上繡的是獸類，則表明這個官員是位武將。與官服相配的項珠，因不同的場合，或是珊瑚的，或是瑪瑙的，或是帶有精緻雕刻的香木的。他手裡拿的一卷紙，應該是與英國使團有關的文件。」畫作中描寫喬人傑身穿文官補服、掛朝珠，頂戴羽毛等裝飾，都有詳細記載說明。

　　當時負責相關使節事務的官員，除了天津道道員喬人傑之外，還有侍郎松筠、通州協副將王文雄等人。二十年之後，英國另一批使節團，在阿美士德勳爵率領之下，於1816年（嘉慶二十一年）8月抵達天津，還有前次使節團成員詢問喬人傑的去處，因此光緒《徐溝縣志》記載：「嘉慶中，英人復來，中有乾隆癸丑曾來者，至天津，尚詢松、喬兩公不置。」這也算是外交事件之外，特別的小插曲。

　　〈中國軍官王文雄〉圖，則是描寫通州協副將王文雄（1749-1800），屬於武將，也是全程陪同使節團，直到離開廣東為止，畫家詳細記載：「這位軍官是戶部滿官喬人傑的同事，他們被皇帝指派為英國使團的陪同，從使團一抵達廣東北荔枝海灣就開始。王文雄是位勇敢的有風度的友好人士，且有著弓箭與刀劍上的高超功夫。因他在平定西藏或與尼泊爾作戰中的軍功，皇帝授予他單眼孔雀翎，和紅珊瑚帽頂子作獎勵。……在箭囊中，裝有各式各樣的箭，有的箭頭是尖的，有的是帶刺的，有的是菱形的。他的緞面靴子帶，有紙一樣的厚底，滿大人們以及體面的中國人總是這樣的著裝。」另外也將他的服飾、扳指、弓箭、箭囊、配刀，予以如實描繪。

　　〈穿朝服的官員滿大人素描像〉圖，則是更詳細的素描出整體清代官員，文官、武官的補子差異，以及朝珠、翎子、頂戴的描繪，同時還以英文加以註記說明：「mandarin（滿大人）這個名字，是從葡萄牙與中國發生關係之後，就一直被用來稱呼所有中國官員，無論是文官還是武官，高官還是低吏。」並詳細說明官員補服上的圖案、珠寶、孔雀翎毛的等級差別。而這些說明反映出「mandarin」原本是泛指東方的中國官員，與現在音譯為「滿大人」，甚至部分誤解為專指清代女真、滿州的官員，這在認知上是有所出入。由於威廉·亞歷山大近距離接觸這些官員，所以官員人物等素描與畫作，刻畫得較為寫實，同時也展現出威廉·亞歷山大細微的觀察與寫實功力。

㈡地方社會的生活

　　主要是各階層人物的日常生活百態，例如男女老幼的人物畫像，及轎夫、工匠、縴夫、燈籠匠、煙袋匠、貨郎等各種職業，與木偶戲、江湖賣唱、鬥鵪鶉、擲骰子、戲園等休閒活動。

　　〈縴夫吃飯圖〉共有兩幅，威廉・亞歷山大似乎對縴夫較爲關注，說明中提到，縴夫拉船的數量，視水流強度來決定，以及縴夫胸前的木板的使用：「船的大小和當時水流的強弱，決定縴夫的人數，經常是用20人。……圖上畫的是他們正在一個陶爐子上做飯，站著的那個男人正用通常的方式吃飯：把碗端到嘴邊，用筷子撥拉米飯。雖然縴夫們有時是穿草鞋，但多數時間是打赤腳，他們把辮子一圈一圈纏在頭上，再把辮梢掖進去。放在地上的穿有繩索的平木板，即縴板，縴夫們在拉船時把縴板放在胸前。」如何使用筷子吃飯、陶爐煮飯等，都詳實描繪下來。

　　〈遊方鐵匠〉圖，則是描繪鐵匠攜帶簡單的工具箱，以及活塞與抽氣管組成的風箱，到處製作、販售工具。同時，畫家也指出「最漂亮的東西竟是由簡單笨拙的工具所做成的，此外手工藝工人，也不在工廠裡工作，而是帶著他們的工具走街串巷」。對比英國在十八世紀的鋼鐵生產已略具規模，相較之下，清代的工藝技術，或許精緻美觀，但尚未形成工廠組織的形態，而是採用個體形式的製造，顯然威廉・亞歷山大在描繪這個作品時，也關注並比較東西方文化與科學技術發展的差異性。

　　〈正在按摩的剃頭匠〉圖，描寫當時剃髮與按摩的日常生活情景，並註解：「在印度和中國及整個東亞，男人們的奢侈是到理髮店，讓理髮師按摩他們的關節、肌肉，直到傷痛漸輕。理髮師也爲顧客掏耳朵、鼻子，各種能使顧客高興的事，當他們給顧客講逗樂故事的時候，就會有很多人圍觀。」

　　〈中國婦女髮型與腳的素描〉圖，此圖沒有額外說明，只有如實地素描了婦女的穿著與式樣，以及纏足之後，前腳尖端的樣貌。

(三)各類景物與建築

　　包括牌坊、寺廟、高塔、屋舍、橋梁、園林等各類建築，以及普通船隻、戰船、馬車、獨輪車、轎子等交通工具，與軍器、火砲、兵站、軍堡等軍事設施。

　　〈中國海船〉圖，此種海船一般被英國人稱為「大船」，畫家描繪了長桅杆、竹子與蘆葦製成的帆、船舵、船錨等，另外貨艙分成隔間，註解寫到：「這些大船頭尾形狀一致，貨艙被分成隔間，可使每間都是密不漏水。桅杆用一根樹幹做的，很長，船上主要的和前邊的帆，是用竹子和蘆葦編織的席子製成，船後邊的帆是棉布做的。船舵做得很粗糙，不能方便地操作，拋錨時常被曳出水面。掌舵的指南針就放在旁邊，指南針四周還點著香。錨的四足是鐵質的，但其餘部分是木製的。」以及裝飾、軍旗、風向旗等描述，而船舵旁邊放有指南針，四周則點著香，而船上裝飾俗麗，飄著軍旗、風向旗。

　　〈天津附近的軍堡〉圖，描繪軍堡的高度、材質、基座、駐紮守軍等，以及軍堡上旗幟的顏色與文字，並註解說明：「這個軍堡高35英尺，除了城基是石頭的—最大的可能是因洪水氾濫而被挖出過，因為周圍地勢低且潮濕—其餘部分都是用磚砌成的。駐紮在這裡的守軍量是固定的，萬一發生騷亂，哨兵就會向附近的要塞發出警報，白天會舉信號，晚上則要點烽火。鄰近的要塞，一般都會被要求提供這種援助。」若遇到地方騷動時，哨兵會向附近發出警報，以獲得鄰近地方的軍隊援助。

(四)超出經驗認知的描寫

　　威廉・亞歷山大雖然以精準掌握的寫實技巧著稱，但是若超出經驗認知之外，或不了解當地文化內涵，進而產生疑惑時，威廉・亞歷山大仍舊會盡力加以描繪，但是卻可能因會經驗的挪移，產生與事實略有差距的變異樣貌。

　　例如〈商人與算盤〉圖，即使畫家不了解算盤的使用，仍盡力詳細

的記錄與註解：「中國商人是最精於計算的專家，不過，他們所有的算數問題，都機械地在一個間隔爲兩部分的木框裡操作。木框內穿有很多金屬桿，在一部分金屬桿串有五顆可移動的珠子，在另一部分的金屬桿上，串有部兩顆可移動的珠子。……在廣州稱幾千箱茶葉或大包貨物時，都離不開算盤。」將算盤的外觀、形制都描繪得很仔細。

　　而〈牌坊草圖〉、〈通州廟裡的石碑〉這兩幅圖，則沒有任何註解。〈牌坊草圖〉雖描繪得較爲接近事實，但沒有說明其功能、樣式；而尤其是〈通州廟裡的石碑〉所描寫的，應該是駄負石碑的「贔屭」，傳統文獻記載：龍生九子，其中之一是贔屭：「貌似龜而好負重，有齒，力大可駄負三山五嶽。」所以贔屭的形象，大多兼有龍、龜的形象。不過，威廉・亞歷山大在描繪時，可能無法理解背後的文化意涵，以及龍、龜合體的聖獸或異獸的特殊形象，所以將贔屭描繪成類似蜥蝪的樣貌。

　　之所以產生如此大的差異，畫家並沒有註解與說明，因此無法再加以探討。但是，隨行的另外一位使節團成員斯當東（Sir George Thomas Staunton，1781-1859），在其回憶錄則有相關記錄提及，可以推測了解威廉・亞歷山大的想法。斯當東提及，使節團第一次在北京街道，看見牌坊時，認爲「按照字義，牌樓相當於凱旋門，但上面並沒有拱門，……牌樓上面共有三層頂蓋，油漆雕刻非常漂亮。」另外，對於背負石柱或石碑的動物，則提到「（寺廟）裡面，只有短短的一根駄在一個雕刻的蜥蝪類動物背上的簡單石柱，石柱的一面刻滿了字，除此之外沒有其他的東西。」由此可知，威廉・亞歷山大可能也將牌坊視爲「類似凱旋門」、贔屭視爲「蜥蝪類動物」，利用既有的經驗，加以挪移與解釋東方的社會景象，但是或許深知如此的類比，仍有些差距與錯誤，所以僅有繪畫作品，但並未詳細加以說明。

五、後續的發展與影響

　　雖然威廉・亞歷山大所記錄的圖像，在歐洲出版與傳播，使歐洲人

能更真實認識東方的社會與文化，但是本質上的文化差異，雙方卻未必能
真正的理解與調和。1792年（乾隆五十七年），馬戛爾尼伯爵所帶領的英
國使節團，因禮儀問題與雙方的認知差異，無法達成通商貿易的目的，而
在二十年之後，阿美士德勳爵所帶領的英國使節團，又再次遇到相同的困
境。

　　阿美士德勳爵（William Pitt Amherst，1773-1857）的出使訪華，是基
於英國王室對於東方貿易的需求，希望清帝國打開貿易市場。1816年（嘉
慶二十一年）8月，阿美士德率領使團抵達天津，受到到工部尚書蘇楞額
歡迎，但雙方仍就覲見嘉慶皇帝的禮儀問題出現分歧，清方要求阿美士德
勳爵向皇帝行三跪九叩禮，但是阿美士德勳爵只願意以脫帽三次、鞠躬九
次代替。此後雙方在禮儀方面有所爭執，雖然也各退讓一步，不過終究以
禮儀問題無法解決，使節團被取消晉見嘉慶皇帝，但是嘉慶仍酌收使節團
所進的五十二件貢品，並賞賜一些珍玩予英國國王。同時，嘉慶帝也如同
乾隆帝一樣，准許使團沿大運河南下，沿途並予以保護與招待，最後途徑
廣州，於1817年1月在澳門登船返回英國。

　　阿美士德率領使團出使時，英國國內仍有部分人對此事還抱正面的
立場，期望與清帝國達成貿易協定。不過，英國國內的George Cruikshank
（1792-1878）則畫了一幅漫畫，名為〈Court at Brighton à la Chinese〉的
諷刺畫，描寫阿美士德在英國王室受到接見，而王室擺設許多以尖塔、龍
形等裝飾品，並採用紅、黃與金色等東方色調。這與之前，Gillray所繪虛
構的馬戛爾尼覲見乾隆皇帝，構圖與畫風格頗為相近，都是諷刺當時英國
宮廷中流行的中國風，同樣也是預言阿美士德使華的失敗。

　　因為禮儀問題與認知差異，導致阿美士德使團的任務失敗，無法與清
廷展開貿易問題的協商與簽訂。此後，英國面對商業走私活動猖獗，致使
鴉片貿易成為走私貿易的大宗，加上英國日益不滿對華貿易所造成的龐大
逆差，想尋求解決之道；而清廷也對鴉片走私，造成毒害國民的情況日益
反感。於是中、英兩國的貿易爭議，在1830年代以後逐漸升溫，無法藉由
貿易談判解決，最後終究要訴諸於武力的軍事衝突。

第九章

近代知識的圖像化：生活知識與傳播

　　十七至十八世紀以來，受到歐洲文化與思想的輸入，使得傳統的明清帝國必須進入全球化體系，並接受現代化的歷程。然而現代化的知識與事物，與傳統文化不甚相同，如何面對此種新興的知識，所採取的態度，是當時社會必須思考的問題。清末以來，為了應因現代化知識的傳入，圖像化的「畫報」成為當時接受西方新知的重要途徑，藉由圖像的觀看與閱讀，可以理解當時國內外的時事新聞與各項訊息，同時畫報圖像又兼具娛樂、新奇的探索，成為近代生活知識的圖像化，與傳播新知的重要管道。

一、近代西方知識圖像的傳入：以火車的知識為例

　　自清末以來，西方世界的政治、思想、文化等知識，陸續傳入東方，對政治和社會經濟的產生重大影響，而有「西學東漸」之說。於此同時，為了對應西方各方面的影響，從最初的排斥與抗拒，到逐漸接受，出現了「西化派」與「本位派」的立場論爭，最終都接受了現代化的共識，希望藉由西方的知識體系，取得現代化的經驗與歷程。

　　火車是西方自科學革命與工業革命以來，新式而便利的交通工具，也是現代化的象徵，然而作為現代知識的「火車」，在傳入清末社會時，卻歷經許多批評與波折。火車，在清末又稱為「火輪車」，指的是蒸汽機車，最早出現在清同治四年（1865），由英國商人杜蘭德（Trent）在北京宣武門外，購置並建造一條一里長的小鐵路，進行試驗，但隨即被步

軍統領衙門下令拆毀。光緒二年（1876），英國怡和洋行因上海商務繁盛，於是集資修建淞滬鐵路，上海到吳淞口，長三十里。之後，由兩江總督沈葆禎與英國交涉，以白銀二十八萬買回，然後拆毀、丟棄。至光緒七年（1876），英國於唐山成立開平礦務局，爲了運輸煤炭至胥各莊，建立長約10公里的鐵路，當時稱爲唐胥鐵路，外國文獻稱爲「開平煤礦鐵路」（Kaiping Colliery Tramway）。但清政府以「機車直駛，震動東陵，且噴出黑煙，有傷禾稼」爲由，又下令禁止使用蒸汽機車。可見，當時火車的傳入，曾造成社會的疑慮與恐慌，因此屢有禁止、拆毀等事件，最後在李鴻章（1823-1901）等洋務派官員的努力下，逐漸說服清政府，才逐漸接受興建鐵路的建議。

　　《點石齋畫報》是近代中國最早、影響最大的新聞畫報，由英國商人美查（Earnest Major）於1884年5月創辦，與當時報紙性質不同的是，採用以繪圖爲主體的「畫報」形式，作爲傳遞知識的方式。《點石齋畫報》對於火車的新聞報導，至少有十餘則，從新聞的報導內容，除了反映出知識訊息的圖像化特點，還可以看出傳統社會對於現代化知識的接受歷程。

　　以下就《點石齋畫報》的四則新聞：光緒十年（1884）的「龍穴已破」、光緒十三年（1887）的「興辦鐵路」、光緒十八年（1892）的「斃於車下」、光緒三十二年（1906）的「火車被毀」等，從新聞的內容敘述與圖像表現，理解清末社會對於「火車」的現代知識，如何從排斥、抗拒，到樂於接受的轉變過程。

　　光緒十年（1884）的「龍穴已破」新聞，記載：「京師永定門外西南六里許馬家堡，現已築成鐵路。……在開挖九龍山之際，穴中突出大蛇三頭，身長十餘丈，圍粗若桶，盤旋逾時，御風而去。一時傳播遠近，男女觀者如堵，並聞附近鄉人云：九龍山共有九蛇穴居其中，故名九龍，今見其三凌空飛去，此間風水已爲破壞，恐將來陵谷變遷，不知作何景象。」畫報上則以三條黑蛇騰空在山谷之上，其下有鄉間務農者，與作驚恐奔跑之狀的鄉人數名。顯然新聞是把當時修建鐵路的過程中，將三條大蛇附會

幻化成龍，騰空御風而去，並以風水龍穴的破壞，反映出當時對於修建鐵路的抗拒與排斥。畫報上所繪的三條黑蛇，更從視覺上產生強烈的震撼效果，表明當時社會「恐將來陵谷變遷，不知作何景象」的憂慮與恐懼之情。

事隔三年後，光緒十三年（1887）的「興辦鐵路」新聞，則是記載：「泰西通商以來，仿行西法之事，至近年而益盛。將從前一切成見，雖未能破除盡淨，然運會至而風氣開，非復囊時之拘於墟矣。……茲於五月下旬，天津來信云，創辦鐵路一節，朝廷業已允准，由大沽至天津，先行試辦。嗣於六月二十三日悉，朝廷又頒諭旨，飭令直督李相速即籌款興辦天津通州鐵路。其火車式樣，前一乘為機器車，由是而下，或乘人，或裝貨，極之一二十乘均可拖帶。將來逐漸推廣，各省通行，一如電線四通八達，上與下利賴無窮，竊不禁拭目俟之矣。」畫報上是一列行進中的火車位於畫面中心，並將乘客搭車、貨物裝載表現出來，強調貨物運輸拖帶的便利性，右上方則有綿延的鐵路與電線杆，下方則是兩旁路人站在路旁觀望。從新聞報導開始的「仿行西法之事，至近年而益盛」，到結尾的「上與下利賴無窮，竊不禁拭目俟之矣」，都說明火車知識與使用，已非三年以前，用風水之說作為排斥的抗拒心態，反而轉變成為一種期待的心情。

而此幅畫報所呈現的新聞，將原來的英國所建唐胥鐵路（即開平煤礦鐵路），延長到壙沽、天津，成為往返唐山和天津之間的清代營運第一條鐵路。

至於光緒十八年（1892）的「斃於車下」，與光緒三十二年（1906）的「火車被毀」等兩則新聞，主要是報導相關的火車事故，皆以人為因素為主。「斃於車下」的新聞記載：「火輪車之行，其疾若飛，其力甚大，人或觸之，未有不血肉橫飛，立即斃命者。宜乎，人知趨避，不敢輕蹈危機矣，然偶一不慎，因而失事者，常常有之。日者，天津鐵路公司火車由蘆台開往塘沽，正當鼓汽開行時，有一客以附車不及，急起直追，見車行尚緩，遂手挽車上，聳身欲登，不虞足力已竭而手握不牢，致墜車下，倖

臥鐵軌之間，迅雷不及掩耳，遂被雙輪在大腿上碾過。駕車者見之，急即停輪查驗，則已肉糜骨折氣息奄奄，不移時而魂歸泉壤矣。」其中的「火輪車」，就是火車，或蒸汽機車的通稱。新聞則提及男子在火車啓動之後，仍然強行追逐，企圖躍上車廂，卻不幸跌落，下半身被車輪碾過，中傷而亡。圖像用幾近寫實的方式，描繪男子半身躺臥鐵軌，下半身已經受到車輪碾壓而模糊不清，試圖用視覺的強烈震撼，提醒民眾「所願觸於目者警於心，以此爲前車之鑒」，遵守交通規則，以確保自身的生命安全。

「火車被毀」的新聞記載，則是「二月十六日，天津有一火車，自塘沽行，展輪未久，貨車上忽然火起。查知起火之由，系因煙筒進出火星，落在車上所載之棉花包內，致有此禍。而是日風力又大，遂致轟轟烈烈，雖有水龍，無從取水，一任回祿君乘興而來，盡興而返。車輛均被燒毀，人物亦互有損傷。」圖像呈現了滿載棉花的貨車，沿著車頭蒸氣煙囪，後方車廂上則燃起熊熊的大火，鐵路兩側的民眾，或紛紛走避，或駐足觀看。此列車是從壙沽開出不久後，因車頭煙筒冒出火星，掉落在棉花上而起火，當時風勢較大，助長火勢燃燒。從新聞內容上，得知車上有撲滅火災的設備：水龍，可能類似水龍頭的輸送裝置，但因事發地點，並無水源可取，因此造成貨物燒毀，以及人員的損傷。整體事件報導，採客觀的敘述，說明人爲因素的疏失與災害。

從上述《點石齋畫報》的新聞，在圖像描繪上以再現（representation）的方式，呈現了當時社會對於火車的知識理解與觀看，反映出對現代知識與事物的接受程度。同時就接受的時間演變而言，光緒十年（1884）對於火車的知識，是採取排斥、抗拒的態度，歷經三年之後，才開始接受現代的知識與事物，並建立一套合理的規範與制度。

二、傳統的識字閱讀與近代畫報的興起

(一)傳統社會的識字比例

傳統社會識字率的比例並不高，在中上階層或貴族階層，雖有家庭

教育與私塾教育的培養，但就整體總人數仍不算高，而部分的底層社會，則僅具有基礎的讀寫能力，其中童蒙之學的「三百千千」：《三字經》、《百家姓》、《千字文》與《千家詩》，都是基礎知識的養成。而閨塾中的女性，則是被傳統社會所忽略，難以受到良好教育的群體，特別是世族、官宦之家的女子教育，多有《女誡》、《女書》、《內訓》的閱讀，同時由家中女眷與長輩進行教導，承擔著家族教育的重要地位。

　　傳統書籍的編排，原本就有「左圖右史」的概念，採以圖文並存方式的書籍刊印，但是主體仍以文字敘述為主，版畫的圖像只是輔助，藉以增加閱讀的可看性與理解性。從宋代以來，因為日常生活知識的需求，所以開始有日用類書的出版與傳播，不過當時的日用類書的編輯與流通，仍偏重上層社會所使用。到了明代中後期，因出版業的書坊蓬勃發展，帶動書籍的刊印與流行，因此民間的日用類書大量出現，同時也提供一般社會民眾知識學習的途徑。

　　明代中後期日用類書，尤其盛行於萬曆時期（1573-1620），將日常生活的各種常識，例如醫藥、飲食、服飾、居住、契約、命相、尺牘、俚語等，匯集成冊，便於民間隨時使用，或予以抄錄、套用；並常採用版畫圖像的輔助，或繪於內文前後，或上下欄位，圖文並茂，增加知識的汲取與識字訓練。

　　這種圖文並茂的形式，也出現在晚明的繡像本小說。所謂的「繡像本」，就是以圖釋義的方式，增加讀者的閱讀動機與興趣，而版畫圖像則兼具美感與欣賞的功能。明代中晚期的繡像本小說，常冠以「全相」、「全像」、「繡像」等題名，例如《新刊校正出像三國志通俗演義》、《新刻全像二十四尊得道羅漢傳》、《新編全相楊家府世代忠勇演義》、《新鐫批評繡像列女演義》、《新刊京本通俗演義增像包龍圖判百家公案》等，藉以吸引讀者閱讀。

　　此種風氣延續到清代，並將繡像小說與報刊加以結合，出現了所謂晚清小說期刊，尤其以《新小說》、《繡像小說》、《月月小說》、《小

說林》等四種最具代表性。其中的《繡像小說》，又稱爲《繡像小說半月刊》，發刊緣起爲：「歐美化民，多由小説，搏桑崛起，推波助瀾。……察天下之大勢，洞人類之頤理，潛推往古，豫揣將來，然後抒一己之見，著而爲書，以醒齊民之耳目。或對人群之積弊而下砭，或爲國家之危險而立鑑，揆其立意，無一非裨國利民。」插圖大多附於內容之中，尤其以西洋人物、風景爲多，滿足當時社會對西方社會風俗的好奇心理，並得以傳遞新知。

　　清代中期以來，受到西方文化與思想影響，認爲國民接受教育程度的高低，與國家發展有著重要的關係，因此，識字率與受教育人口的提升，是清末社會改革的重點，除了正規學堂、學校等制度建立之外，便是報紙的發行與傳播。此後，近代報刊陸續出現於嘉慶末年，道光十三年（1833）普魯士傳教士郭士立（Karl Friedrich August Gützlaff，1803-1851）在廣州創辦了《東西洋考每月統記傳》，是第一份中文近代報刊，此後上海《申報》、《萬國公報》等陸續出現，甚至有英文的《字林西報》（*North China Daily News*），都成爲近代報刊的發展情形。於是以民眾爲讀者的民辦報紙，開始蓬勃發展，不僅提供了政治、外交等要事，也刊載社會、文化、娛樂、新奇等訊息，成爲清末社會接受近代資訊的重要途徑。

(二)近代畫報的興起

　　在報紙出現的同時，考慮到識字率的差異性，因此「畫報」類型的新聞報紙，也應運而生。畫報主要是以圖配文的方式，以圖像爲主體，所占版面一半以上，文字敘述僅是輔助說明而已，此種形式讓新聞變得通俗易懂，形象生動有趣，符合當時一般讀者的需求，比起傳統的日用類書，或黃曆與農民曆，更具有廣大的影響；同時雅俗共賞的畫報形式，既有傳播新知，又兼有圖像趣味的雙重功能。

　　《點石齋畫報》是近代影響較大的新聞畫報，是由英國商人美查

（Earnest Major，即尊聞閣主人）所創辦，創刊於光緒十年（1884）五月，至緒二十四年（1898）秋停刊。《點石齋畫報》採用石印印製，原來僅爲當時發行量最大的《申報》所附屬的副刊，並由點石齋石印書局印刷，因此稱爲《點石齋畫報》，採每十日發刊的旬刊。在《點石齋畫報》之前，《申報》曾於光緒三年（1877）創辦《瀛寰畫報》做爲副刊，也是採用圖畫的方式呈現，繪畫者爲英國著名畫師，以介紹外國風土人情爲主。或許畫風不同，所以因銷量不佳而停刊，之後才又創辦《點石齋畫報》，並改以中國畫師進行繪畫。

　　《點石齋畫報》主要以圖像爲主體，採用以圖文並茂的形式，涉及層面極爲廣泛，根據創刊序言所記載：「畫報盛行泰西，蓋取新聞事蹟之穎異者，或新出一器，乍見一物，皆爲繪圖綴說，以徵閱者之信。……而中國則未之前聞，……爰倩精於繪事者，擇新奇可喜之事，摹而爲圖，月出三次，次凡八幀，俾樂觀新聞者有以考證其事，而茗餘酒後，展卷玩賞，亦足以增色舞眉飛之樂。」《點石齋畫報》由吳友如擔任主編，繪畫群的作者將近二十人，多爲上海畫師，在發刊後的近十四年間，刊印畫作近四千餘幅，繪畫形式多採用中西合璧的畫法，結合西方的透視畫法，精緻的單線白描，加以表達新聞內容，整體構圖嚴謹，畫風簡單，並具有傳播世界新知與文化啓蒙的功能。

　　畫報主題涵蓋多樣，舉凡政治、軍事、外交、文化、科學、娛樂、生活、奇聞等，主要可以概分爲時事、新知、奇聞、果報的內容：

　　時事：主要將當代重大的戰爭近況、外交協議等，包括中日甲午海戰、中法越南戰事等，以及各國風土民情、文化、軼事等，以圖畫形式傳播給社會民眾，提供了最新的國外資訊，是當時民眾了解國外與世界關係的重要途徑。

　　新知：主要是關於西方新知識的介紹，不僅從理解西方新興的科技、工業等新知，以獲得實用的功能，同時對於新奇事物的好奇、驚奇，也能有所滿足。從氣球、飛船、槍砲、鐵路、鐘錶、照相等，呈現出近代新穎

的新知識，對於傳統中國社會的啓蒙作用，以及對世界認知的接軌，都有
重大的影響。

　　奇聞：主要是報導國內外各種奇聞異事、市井百態，符合當時對於各
項事物的獵奇與窺探心理，類似現代新聞的娛樂功能，以及商業新聞的訴
求。包括盜賊偷搶、剖腹生產、氣球飛行、馬戲表演、鄉里趣聞等。

　　果報：在傳播新聞內容、新興知識之餘，畫報也刊載道德與因果的勸
懲新聞，誠如畫報所言：「本館印行畫報，非徒以筆墨供人玩好，蓋寓果
報於書畫，借書畫爲勸懲。」因此在部分新聞報導之後，會給予道德與因
果的勸說。

　　由於《點石齋畫報》廣受當時社會各階層的歡迎，所謂：「信而有
徵，其文淺而易曉，故士大夫可讀也，下而販夫牧豎，亦可助科頭跣足之
傾談。」並傳遞了當時國內外時事要聞、海外風俗、生活新知等，在清末
社會的新聞傳播影響力之中，僅次於同時代的《申報》與《萬國公報》，
可見其影響極大。因爲《點石齋畫報》採用以圖爲主，以文爲輔的新聞報
導形式，使得後來的《良友畫報》、《神州畫報》、《啓蒙畫報》、《時
勢畫報》、《醒俗畫報》等，從版式到內容，皆模仿此種方式。

　　上述《良友畫報》更是首開以女性爲報刊封面的先河，閱讀對象主要
是女性群體，著重於西方文化、潮流、服飾等介紹，兼以報導社會動態，
並以印刷最精美的畫報著稱。而《醒俗畫報》的創辦主旨，是在喚醒國
民、校正陋俗，並以圖說講解，務使人人易知易解，對於不良的傳統風俗
加以批評，並期望能予以導正。

三、畫報圖像的想像、誤解與恐慌
(一)想像、誤解與恐慌

　　畫報的傳播，主要是以傳遞新聞、時事爲主，但有時候會摻雜想像的
成分，若有報導不實的訊息，可能會引起不必要的誤解與恐慌。《點石齋
畫報》曾於光緒十四年（1889）一月以來，報導了縮屍異術、格致遺骸、

戕屍類志等三則新聞，其內容怪異新奇，又極其詭譎聳動，引起了社會上不少的關注與騷動。

「縮屍異術」的報導記載：「自西法興而化學流行，電氣、強水之用廣，幾至無物不可以求縮，固不徒石印書籍已也。……苦孛而者，美國之名醫也，製有藥水，能將新死之屍縮成小體，長僅一尺五寸，闊一尺二寸，厚一寸三分，其堅如石，歷久不腐，盛以木匣，頗便攜帶焉。……昔女媧氏摶土爲人，實爲生民之始，乃古聖定其初生之形，而時醫變其既死之格。此法一開，而新鬼雖大不足恃矣。」是指美國醫生苦孛而，能製作特殊藥水，將屍體縮小後，放入匣中保存，便於攜帶，且堅硬不腐壞。以現代社會角度與科學知識而言，所敘述事件中的內容，可能類似嬰孩木乃伊的屍體保存，只是清末社會對於此醫學或科學知識的不清楚，加上畫報畫師過度誇大的敘述，若以成年男子通稱爲五尺之軀而言，將屍體縮小成一尺五寸，應該是原尺寸的五分之一左右，聽起來就極爲驚人，對於當時社會對西方人的觀感，不免產生驚恐與疑慮。

「格致遺骸」的報導記載：「西人尚格致，化朽腐爲神奇，幾令天下無棄物，乃至格無可格，而格及於人屍，謂熬成油可以造鹼屑，其骨可以壅田。其說倡于英國士萬蘭之某化士。……屍毀跡滅，則葬可以廢，曠土既無，而耕種之區益廣；家貧親死，則屍可以賣，喪具既省而贏餘之利且收。但使售城者得求善價，力田者屢慶豐登，國富民裕而治道成矣，此則西人之格致也。」報導是指英國的科學家，將人的屍體熬製成油，用於肥料耕作，表面上是敘述「西人尚格致，化朽腐爲神奇」，談其科學的知識與技術，使田地耕種豐收，國家富裕強大。但是實則諷刺「家貧親死，則屍可以賣，喪具既省而贏餘之利且收」，批評不顧親情與道義。

「戕屍類志」的報導記載：「某甲向寓巴黎城外，一日同居者訝其杜門不出，呼之不應，破扉入視，見一無頭屍橫窗下，手握一書，乃甲親筆，略言死出自刎，……閱數日，有鄰人道經距城二百里某村，見樹杪懸有人頭，審視之，甲也。駭報公庭，取驗良是，然不解其身首分離，何至

若是之遠。迨細加考察，始悟甲於未刖之先，用輕氣球繫其首，再以線縮窗而縛於足，頸項一斷，身重橫倒，窗即趁勢挽合，理或然歟？」主要是敘述法國巴黎的一位自殺男子，死前握有遺書，並以氣球繫於頭部，自殺斷頭之後，頭顱隨氣球飄至二百里之外，其自殺方式之詭異，且頭顱散落之遠，皆與常理不符合。

　　從上述畫報的新聞報導，無論是縮屍、熬屍、自殺等事件，其報導內容極具誇張性與聳動性，報導或許可能基於誤解，或許刻意誇大製造娛樂效果，但卻不一定完全符合事實。由於報導事件，涉及美國、英國、法國等國家，因此光緒十四年（1888）十二月，總理各國事務衙門隨即收到，由德國駐華公使巴蘭德（Max August Scipio von Brandt，1875-1893）所遞交的抗議信件，質疑上述新聞的真實性，並認為此種新聞的內容，會對清廷與各國關係產生不良影響。於是他代表德國與美、日、俄、法等國，就此提出交涉，要求清朝官方介入處理，並勸令畫報不得再有捏造之舉。

　　為此，《點石齋畫報》經與上海道、會審公廨等官方機構交涉處理後，遂於光緒十五年（1889）二月登報說明：「本齋向有畫報，係仿照西人成式，一切新聞皆採自中外各報。去年八月間，登有〈縮屍異術〉一節，十月間登有〈格致遺骸〉、〈戕屍類志〉各節，雖係各有所本，嗣經確探，始知事出子虛，本齋正在登報更正間，適奉憲諭傳知，合亟登報聲明前誤，以釋群疑。」同時也譯成西文，再登載於《字林西報》（North China Daily News）等英文報紙。

　　此事件所反應出晚清的幾種社會現象：一、畫報的新聞報導形式，是客觀的事件敘述，或是摻雜了藝術的想像形式？若是摻雜了後者的想像、臆測等因素，新聞報導就並非完整的客觀敘述。二、畫報的報紙興辦形式，是由英國商人所創辦，但執筆、繪圖與主編多是華人，而在法律訴訟制度上，外國人具有治外法權（extraterritoriality），不受清政府本地的法律管轄；但是報紙發行在上海，執筆主編是華人，所以上海道有權審理。因此，英商創辦與華人執筆，兩種身分的差異與特殊性，是晚清社會常見

的現象，同時也導致審理此案件的困難與複雜性，最後，就在各方協調之下，以畫報的公開登報道歉，結束了此事件的紛爭。

(二)畫報圖像的立場與迴避

　　畫報的報導內容之中，或許是對資訊的理解有誤，或許是基於民族自信的立場，不少新聞內容的圖像，呈現出與事實不甚相同的描述，在中法越南戰爭、中日甲午戰爭等，都出現類似的情形。

　　關於中法越南戰爭，《點石齋畫報》以四十餘幅的圖像，起於北寧之戰，終於中法換約，敘述歷時兩年的中法越南戰爭，先於光緒十年（1884）五月進行和談，當時畫報的「越事行成」的報導，記載：「南服不靖，中法交誼幾有瓦解土崩之勢，君相之廑懷彌甚，士民之義憤同深，於今將二載矣。乃忽焉而天心厭亂，世運轉機，欽命李傅相與法欽差福尼兒在津商訂和約，言歸於好，化干戈爲玉帛，藉樽俎以折衝。國之福也，民之幸也。」報導敘述中法之間的情誼，因爲越南戰事而產生衝突，在中外上下期盼之下，於是簽訂合約，言歸於好。圖像大廳之中的上位左側爲李鴻章（1823-1901），右側爲法國代表福祿諾（François Ernest Fournier，1842-1934）即畫報所稱「福尼兒」，在天津簽訂《中法會議簡明條款》，又稱爲《李福協定》（Convention de Li-Fournier）。畫中李鴻章氣定神閒，法國代表展卷細讀條約內容，廳堂下方兩側，則分別爲清廷官員、法國將領等，靜候條約簽訂，整體展現出和諧的氣氛。

　　不過，畫報似乎刻意忽略，之前清軍駐防在越南的北寧城，遭到法軍擊退，以及清軍陸續丟失越南太原與興化等地的事實，只特意著重在呈現「言歸於好，化干戈爲玉帛」、「國之福也，民之幸也」等和樂情景，顯然與事實不完全相符，而且有刻意強調清廷正面、勝利的形象。之後，法國改派巴德諾（Jules Patenôtre des Noyers，1845-1925）全權處理後續事宜，但因雙方認知差異，又於越南的北黎發生「北黎衝突」（或稱「觀音橋事變」），中法戰事再度重啓，最後於光緒十一年（1885）六月簽訂

《中法新約》。

　　此外，在後續的中法戰爭期間，不少戰役的敘述，也表現出畫報的立場，在圖像上也刻意避開描寫清軍戰場上損失慘重的場景。在「力攻北寗」與「輕入重地」的兩則報導，都是描述法軍長驅攻入，清軍退守北寧城。而「法犯馬江」的報導，畫面呈現雙方船艦，砲火交錯攻擊的激烈戰況，可知圖像刻意描繪戰事初期，清軍船艦的英勇作戰，期望激發大眾同仇敵愾的抗敵精神，卻迴避或刻意不談，馬江海戰之後，南洋水師幾近全數覆滅的慘況。可見《點石齋畫報》在此事的描繪，是具有強調法軍敗績、清軍勝利的鮮明立場。

　　相同的態度與立場，也出現在中日甲午戰爭的描述，在清軍接連敗退之際，仍有「紙製征衣」、「木偶成軍」、「女將督師」等新聞，幾近神怪小說的報導與圖像呈現，顯然已經偏離新聞客觀報導的立場。最後，在光緒二十一年（1895）三月，清廷與日本簽訂《馬關條約》時，《點石齋畫報》更在「贊成和局」的新聞記載：「日人無禮擾我中土，幸有李傅相大度包容，重申和議，乃猶多方要挾賠費而外，兼索割地。泰西各國聞而不平，……日使知眾怒難犯，不得不降心相從。」將代表清廷的李鴻章塑造成「大度包容，重申和議」的形象，日本「不得不降心相從」的相貌，卻完全不提及和約之中，包括認朝鮮國為獨立國家、放棄對朝鮮的宗主關係、割讓臺灣全島、支付賠款兩億兩白銀、允許通商口岸設立領事館和工廠等，所損失的巨大權益。

(三)畫報圖像的理解與解讀

　　畫報作為清末社會新聞與訊息傳播的途徑，具有繪畫視覺的直觀效果，然而由於畫師的表現手法與立場，或畫報經營的方式，有時會摻雜主觀的藝術表現，與誇大的娛樂效果。

　　從新聞史、文化史的角度而言，畫報的傳播是以傳遞新聞與時事為主，必須以客觀角度報導事件始末，若有摻雜報導不實的訊息，讀者就必

須如同現代媒體識讀，對新聞內容詳加確認，以免被不確實的資訊所誤導。而畫報之中，常有過度驚異、獵奇的敘述，或接近神怪小說的趣談，都可能因為報導不實的內容與想像，引起不必要的誤解與恐慌。

　　若從藝術史的角度而言，畫報圖像在報導新聞與知識之外，還提供了雅俗共賞的觀看經驗，無論是石印的白描筆畫，或是精美的攝影照片，都讓閱讀者直接感受到視覺的效果，藉由新聞、軼事、奇聞等，沉浸在視覺與想像的欣賞之中，這也許是畫報在以文字為主的報紙之外，受到廣大歡迎的原因之一。

四、畫報與月份牌

　　由於視覺功能的畫報，在清末社會受到歡迎，於是更延伸出強調視覺效果的圖像廣告宣傳。一即是《良友畫報》，為首開以女性為報刊封面的先河，閱讀對象主要是女性群體，著重於西方文化、潮流、服飾等介紹，兼以報導社會動態，並以印刷最精美的畫報著稱。創刊人與總編輯為伍聯德（1900-1972），於於1926年2月創刊，後聘請梁得所處理報務，曾創下畫報每月銷量達4萬多份，發行全國各地。此後，更改用凹版印刷，圖像品質大為提升，之後因股東分歧而停刊。

　　另外一種重視圖像的刊物，則是清末上海流行的廣告宣傳畫，一般俗稱為「月份牌」。月份牌的形式，主要是借用了傳統社會的民間年畫概念，搭配有月曆節氣的曆畫樣式，以作為商品廣告之用。傳統的年畫，是民間美術形式，色彩多鮮艷明亮，是隨著新年春節而來，因此稱為年畫，內容多為吉祥、喜慶為題材。而年畫則可追溯起源於早期的驅鬼、避邪的守護神門畫。至宋代的雕版印刷出現，使春節活動與年畫得到蓬勃發展，題材有風俗、仕女、戲曲等。著名的宋版《隋朝窈窕呈傾國之芳容圖》年畫，畫的是王昭君、趙飛燕、班姬、綠珠等四位美人，俗稱「四美圖」。至明代中後期版畫的興盛，彩色套印技術的成熟，使木製年畫的繪製更為多樣。

　　最初的月份牌畫,是由外國商人為了刺激商品宣傳,於是聘請中國畫師所設計,畫面除了宣傳的商品外,大多是傳統的山水、仕女、人物、戲曲等題材形象,之後則以時裝美女為主。藝術表現方式,是以傳統工筆重彩的形式,後來改以西洋藝術風格的水彩寫實手法,並採用銅板紙的膠版彩色精印。由於圖樣精彩,常隨著商品出售,免費贈送給顧客,因此廣受歡迎。同時圖像欣賞之外,還配有月曆的節氣,可用於懸掛,既可查閱日期節氣,又可裝飾欣賞,因此被俗稱為「月份牌」。

　　月份牌畫作內容,除了商品之外,主要是以人物為主,例如美女、明星等,商品廣告則具有香菸、食品、百貨等多樣性商品,起於十九世紀,盛行於二十世紀初期,並從上海流行到了全國各地。之後,因攝影技術發展與普及,月份牌逐漸式微而消失。

　　光緒九年(1883)十二月,《申報》在頭版刊載,隨報附贈月份牌:「本館託點石齋精製華洋月份牌,準於明正初六日隨報分送,不取分文。此牌格外加工,字分紅綠二色,華歷紅字,西曆綠字,相間成文。華歷二十四節氣分列於每月之下,西人禮拜日亦挨準注於行間,最宜查驗。印以厚實潔白之外國紙,而牌之四周加印巧樣花邊,殊堪悅目。諸君或懸諸畫壁,或夾入書氈,無不相宜。」可見所附贈的月份牌印刷精美、畫工精緻,且同時附有傳統的農曆,以及西曆(新曆),並以不同顏色標示,方便對照查閱。此外還能「或懸諸畫壁,或夾入書氈」,兼具實用與欣賞的用途。

　　1905年由廣東商人所創立的「南洋兄弟煙草公司」,也常用月份牌作為廣告宣傳的贈品,據《南洋兄弟煙草公司史料》記載,1923年公司廣告費的月份牌支出,預算達四萬元,同時還設立繪製廣告的美術室,以高薪聘請畫家繪製月份牌,藉以印製精美的月份牌贈送,以吸引顧客購買商品。

　　早期的月份牌廣告畫,內容豐富多元,包括歷史故事、名勝古蹟、戲曲人物,此後題材趨於單一,均以名媛閨秀、仕女佳麗為主,穿著則以當時上海流行的旗袍樣式,畫法則多採擦筆水彩技法。即使後來的畫面,不再印製月份,僅有圖像與商品,但仍舊稱為月份牌。

第十章

想像與觀看：早期臺灣原住民圖像

　　臺灣原住民在近代世界發展的地位，所處的生活環境、政治局勢的多樣變動性，產生社會文化的多元特性。從圖像中可以探討早期歐洲對臺灣原住民的想像，至十八世紀以後，由於臺灣逐漸進入全球化的世界，清政府開始重視臺灣的治理，以及對臺灣原住民的認識與管理，於是採用「采風圖」的觀察與記錄，理解並保存臺灣原住民的習慣、生活與發展軌跡過程。

一、南島語系與臺灣原住民

　　臺灣原住民族擁有各自的起源傳說，近年來的研究據推斷，在十七世紀漢人移民臺灣之前，原住民族在臺灣的活動約八千年之久，在遺傳學和語言學的分類上，屬於南島民族和南島語系（Austronesian），和環太平洋的菲律賓、馬來西亞、印度尼西亞、馬達加斯加和大洋洲等的南島民族族群，有著密切關係，而臺灣原住民族一般研究認為，應是南島語族分布的最北端。之後，經歷過時代推演，歷經不少民族或政權的更換，而逐漸進入現代化的歷程。

　　臺灣原住民族群基本上沒有發展出文字，大多採用口傳的方式傳承文化，有時仰賴外來者的記錄，因此受到政權不斷更換的影響，原住民也有不同的稱呼與形象。各時期的政治勢力，陸續進入臺灣，對臺灣原住民造成不同程度的影響。首先，是對臺灣原住民的稱呼與轉變，明代是概稱為「東番」，之後荷蘭人治理臺灣南部的三十八年，先依據在印度殖民經驗，稱之為印地安人（Indians），之後則改以所在的地名或社名加以稱呼，例如新港社、蕭壠社、目加溜灣社、麻豆社等。清代時期，則以接受

漢化的程度，以及繳稅與否，概分為生番、熟番兩類。十九世紀晚期，在清代政府因墾殖而開始積極進入山區的情況之下，於是出現了：平埔番、高山番這兩種稱呼，並與熟番、生番交替使用，用以稱呼原住民。

日本統治臺灣初期，先是沿用清代的生番、熟番等稱呼，至1898年人類學者伊能嘉矩，提出了臺灣原住民族的分類體系概念，於是依照各族的分布區域與文化特質，將原住民族分為四群八族十一部。之後，日本政府改以平埔族、高砂族，來稱呼原住民，其中高砂族分為：泰雅族、布農族、鄒族、賽夏族、排灣族、卑南族、阿美族、雅美族和魯凱族，也就成為臺灣原住民族早期的九族稱呼。

1949年以來，政府則以平地山胞、山地山胞的稱呼，取代日本的分類。1994年憲法修改之後，正式以「原住民」取代「山胞」的稱呼。1998年原住民族委員會成立，開始制定認定辦法，其中許多平埔族群，例如噶瑪蘭族、撒奇萊雅族、噶哈巫族、馬卡道族、道卡斯族、巴布拉族、巴宰族與西拉雅族等，陸續申請認定成功。

至2014年5月，政府已經完成認定十六個族群，計有：阿美族、排灣族、泰雅族、布農族、卑南族、魯凱族、賽夏族、鄒族、達悟族、邵族、噶瑪蘭族、太魯閣族、撒奇萊雅族、賽德克族、拉阿魯哇族、卡那卡那富族等。其餘由地方政府認定的族群，或尚未被識別與認定的族群，仍有不少。

整體而言，從臺灣原住民族名稱的差異，可以看出臺灣原住民族群在不同的時空背景、政治環境之下，有著不同的意義與轉變。

二、西方想像的臺灣原住民

十七世紀末的一位法國人：喬治・薩瑪納札（George Psalmanazar，1679-1763），曾聲稱自己是東方福爾摩沙的原住民，並於1704年出版《福爾摩沙的歷史與地理描述：日本天皇的一個島嶼》（*An Historical and Geographical Description of Formosa, an Island subject to the Emperor of*

Japan）。在書中記載著「福爾摩沙人」的文字、服裝、飲食、儀式，和政治體系、風俗、生活方式等各種事物。

　　他提到福爾摩沙人的服裝，是判別身分地位的依據，描述了王族、總督、貴族、平民等階級的服裝差異，平民則是裸體，只用金屬片遮蔽私處。另外，還虛構了活人獻祭的情節，即依照福爾摩沙的神諭指示，每年需獻祭數千名九歲以下男童的心臟。

　　書中有一幅喪葬儀式的插圖「Way of Burning the Dead Bodies」，描寫了福爾摩沙人的送葬隊伍，將屍體送往神殿進行焚燒，然而隊伍中間出現兩隻大象，拉著拖車，行走的福爾摩沙人都帶著頭巾，而大象所呈現的意象，比較屬於印度文化的概念。神殿外型所出現圓頂與彎月圖案，很明顯的是受到伊斯蘭文化清眞寺的影響，並融入薩瑪納札自我的福爾摩沙意象與想像。

　　書中還繪製有臺灣地圖「Map of Formosa」，並宣稱福爾摩沙島，是由Avias dos Lardonos、Islesof Thieves、Great Peorko、Little Peorko、Kaboski等五個小島組成。而這些島嶼的文字描述與形象，與十六、十七世紀當時歐洲出版的東亞地圖的臺灣，所表現方式大致相似，顯然是當時約定成俗，對臺灣的集體想像。

　　薩瑪納札因為此書，一度受到歐洲貴族與上層社會的歡迎，成為上層社會爭相邀請的對象，並邀請至沙龍分享福爾摩沙的各種故事。而《福爾摩沙歷史與地理的描述》一書，陸續又有拉丁文版、英文版、法文版、荷蘭文版等，可見其受到當時歐洲社會的歡迎程度，也反映出當時歐洲社會，對所謂的東方、亞洲等議題，懷有強烈的好奇心與慾望，想要一窺究竟，進而使此書填補了歐洲人對東亞知識的空白與想像，故而深受好評。

　　不過，薩瑪納札的言論，開始陸續受到一些人的質疑，英國皇家學會曾兩次邀請薩瑪納札出席會議，1704年2月薩瑪納札在會議上，暢談福爾摩沙的歷史事蹟，在場列席者，恰巧是一位剛從中國回到歐洲的法國耶穌會士洪若翰（Jean de Fontaney，1643-1710），他是與白晉等五人，作為

法王路易十四派遣的「國王數學家」，前往中國傳教後，而返回歐洲，此時先抵達了英國倫敦。作為當時中國通的洪若翰，認為薩瑪納札的說法有異，於是雙方進行爭辯，但英國皇家學會因為沒有實際的經驗，故而無法確認哪一方正確，於是爭辯的真相，不了了之。

關於薩瑪納札《福爾摩沙的歷史與地理描述》，描述想像的寺廟祭壇、魔鬼形象、葬禮、服飾、文字等內容，也引來許多質疑的聲浪。雖然薩瑪納札屢次加以辯駁，但最後經過歐洲社會逐一事實的查證，終究被發現是偽造。而薩瑪納札所偽造的東方與福爾摩沙許多事物，雖然出自於想像，實際上卻也是摻雜了當時歐洲對於伊斯蘭、印加、日本等各種文化的片斷知識，所混合而成的。

此外，大約在同一時期左右，1693年的法國巴黎街頭，也出現了一位女性，宣稱自己是來自東方的公主，一時之間，東方公主受到法國上層社會的款待與歡迎，熱切地聆聽她如何飄洋到歐洲的奇幻旅程。然而，曾受到路易十四（Louis XIV）以國王科學家的身分，派遣到清帝國的耶穌會傳教士李明（Louis-Daniel Lecomte，1655-1728），恰巧於此時返回巴黎，聽聞此東方公主的事蹟後，頗為好奇。但在與這位「東方公主」接觸之後，卻產生諸多疑問，於是李明以他熟悉東方的知識，逐一揭開此樁騙局，並將事件記錄在其書信集，出版了《中國近事報導》（*Nouveaux mémoires sur l'état present de la Chine*）。

無論是薩瑪納札描述的福爾摩沙，或宣稱的東方公主，都代表十七世紀前後，當時歐洲社會對所謂的東方文化，所產生的想像或好奇心態，進而讓這些東方的「想像知識」得以傳播。

三、十八世紀前後的臺灣原住民圖像

十五、十六世紀歐洲對外擴張，發現美洲新大陸，進入海權爭霸時代，十七世紀初，葡、西、荷等國陸續來到亞洲。葡萄牙首先抵達澳門，建立貿易據點。西班牙則是抵達菲律賓，然後來到了臺灣北部的雞籠、滬

尾。荷蘭則是抵達爪哇之後，再前往澎湖，最後來到臺灣南部。於是東亞地區，就成爲葡、西、荷競相角逐的區域。

　　1622年荷蘭艦隊前往澳門，被葡萄牙人驅離，先撤退到澎湖風櫃尾並建築城堡。但是澎湖屬於明朝的領地，於是荷蘭東印度公司所屬的巴達維亞城，派出馬丁努斯・宋克（Martinus Sonck，1590-1625）擔任指揮官，要求與明朝進行協商談判，但雙方無法取得共識。1624年，明朝派遣福建巡撫南居益（1565-1644），率軍一萬名與兩百艘船隻，至澎湖白沙島，包圍風櫃尾的荷蘭城堡，與荷軍作戰數月。最後，荷蘭艦隊於1624年8月，退往臺南台江一帶，宋克也成爲荷蘭的首任臺灣長官。

　　然而對於歐洲人來說，遙遠的福爾摩沙人形象，還是有許多想像空間，荷蘭人達波（Olfert Dapper）從未到過臺灣，但是對福爾摩沙人有著濃厚的興趣，於是根據其他人的描述，以及東印度公司報告書等資料，再加上自己的想像，在1670年出版《第二、三次荷蘭東印度公司使節出使大清帝國記》（*Tweede en Derde Gesandschap an het Keyserryck van Taysing of China*），其中數幅插畫，包括福爾摩沙人、福爾摩沙婦女、福爾摩沙房舍、架屋完工祭典等圖像，都反映出當時對福爾摩沙人的形象塑造。

　　「福爾摩沙人」：是達波（Olfert Dapper）根據英國水手描述的衣著、髮型，所繪製而成的福爾摩沙人，容貌與外型比較接近印地安人。這些形象都是藉由他人敘述，再加上自我想像而成。

　　「福爾摩沙婦女」：根據描述繪製而成的福爾摩沙婦女，婦女的頭部包著絲綢或絨布頭巾，身後經常跟著一隻豬，而圖中豬隻的外貌則被描繪成野狼。一手提著竹籃，另一手提著類似檳榔的植物果實。後方的房屋上，則有以豬頭骨或獸骨作爲裝飾。

　　「福爾摩沙房舍」：根據描述所繪製福爾摩沙人合力建造的房舍，屋頂爲茅草覆蓋，而沿著屋簷下垂的是貝殼，作爲裝飾之用。

　　「架屋完工祭典」：達波根據描述，描繪福爾摩沙人架屋完工後舉行祭典。畫面中間主祭者是女性，負責將豬肉分給族人，後面是兩名戰士看

守的望樓或高塔。

　　到了明末時期，因為鄭成功驅離了荷蘭勢力，在臺灣建立鄭氏政權，於是開始接觸並記錄臺灣原住民的生活。對於臺灣原住民的記錄，主要是陳第（1541-1617）《東番記》的內容，書中曾提及平埔族人生活風俗與習慣：「種類甚蕃，別為社，社或千人，或五六百。無酋長，子女多者眾雄之，聽其號令。性好勇喜鬥，無事晝夜習走。足蹋皮厚數分，履荊刺如平地，速不後犇馬，能終日不息，縱之，度可數百里。鄰社有隙則興兵，期而後戰。疾力相殺傷，次日即解怨，往來如初，不相讎。所斬首剔肉存骨，懸之門，其門懸骷髏多者，稱壯士。」還提及了「冬夏不衣，婦女結草裙，微蔽下體而已」的衣飾習慣，與小米釀酒、種植甘蔗、圍獵捕鹿等。在飲食方面，則提到平埔族人喜歡吃鹿肉、豬肉，不喜歡吃雞肉：「食豕不食雞，畜雞任其生長，惟拔其尾飾旗；射雉，亦只拔其尾。見華人食雞雉，輒嘔。」

　　至清初康熙時期，因擊敗鄭氏政權，而取得臺灣的統治權，並開始設官治理臺灣。因此，清代陸續有郁永河（1645-？）《裨海紀遊》、黃叔璥（1682-1758）《臺海使槎錄》、周鍾瑄主修《諸羅縣志》、董天工《臺海見聞錄》等書，對於臺灣原住民的觀察與記載，其中《裨海紀遊》與《臺海使槎錄》，被視為臺灣古典文學的散文雙璧，同時也都記載了清代原住民的風俗文化。尤其是黃叔璥，是清朝第一任的巡臺御史，雖然比郁永河晚了二十七年到臺灣，但在乾隆元年（1736）刊刻了《臺海使槎錄》，於八卷的內容當中，有四卷記錄了當時平埔族與高山族的各類風俗習慣，也對當時的原住民部落社群，做了詳實的實地考察。

　　《臺海使槎錄》將原住民依照當時清朝的的行政區域：一府、四縣、二廳，分成北路、南路等兩部分，再將「北路」諸羅縣以北分成十群，「南路」鳳山縣以南分成三群，總計十三群。然後，再分別敘述十三群原住民的居處、飲食、衣飾、婚嫁、喪葬、器用等概況，每一群部落的習慣，都不盡相同。《臺海使槎錄》對於原住民族的調查與分類法，應該與

社餉的徵收有關，也是日後研究族群劃分的依據。其調查記錄的資料，極為詳盡，例如南路鳳山縣以南原住民的服飾：「女著衣裙，裹雙脛。男用鹿皮蔽體，或氈披身，名『卓戈紋』。青布圍腰下，即桶裙也，名『鈔陰』，武洛（社）曰『阿習』。俱赤腳，土官有著履者。男女喜簪野花，圍繞頭上，名『蛤網』。插雞羽，名『莫良』，武洛曰『伊習』，力力（社）曰『馬甲奴葛』，猶漢言齊整也。」

　　另外，還有身上配件與裝飾：「每日取草擦齒，愈黑愈固。項懸螺錢，名『興那』。手戴銅鐲或鐵環，名『圭留』；力力社曰『勞拔』。腳戴鐵鐲角，名『石加來』；皆以飾美，故男女並帶之。又麻答用咬根任〔即薩豉宜〕擊鐲鳴聲，另用鐵片繫腰間以助韻，傳送文移，行愈疾，聲愈遠。謂暮夜有惡物阻道，恃以不恐。穿耳，惟加藤、放索、力力三社或以木貫之，名『勞宇』。」將鳳山八社的武洛社（約今屏東里港鄉附近）、力力社（約今屏東萬巒鄉附近）等，部落居民的手環、腳鐲、穿耳等習俗，鉅細靡遺的加以描繪，並記錄各部落稱呼發音的差異，是十八世紀記載臺灣原住民生活最為詳實的資料。

　　而《皇清職貢圖》的圖像記錄，更以視覺描繪了原住民的生活習慣。乾隆十六年（1751）詔令繪製的《皇清職貢圖》，是將各地總督、巡撫境內不同的民族，以及與清朝有來往各國家民族，用文字記錄其風俗民情、山川產物，並輔以圖像描繪。其中收錄並描繪分布在臺灣的鳳山、諸羅、彰化、淡水等地的原住民，主要分為：漢化或歸化的熟番，與未漢化的生番等兩種形象。前者大多身穿衣著，頭戴裝飾；後者則是或裸露半身，或身著獸皮。其中屬於平埔族的西拉雅族，身著衣服，腰間有腰帶，男性則吹奏鼻笛，頭戴華麗的動物羽毛，女性則手捧珠盤。平埔族常於上半身著「短胴衣」，即以布二幅，縫於背後，另將左右兩腋下縫住，僅留伸出兩臂之洞口，並無領襟與扣紐，而《皇清職貢圖》記載當時：「衣用布二幅，聯如半臂，垂尺許於肩肘。」另外，還有以圍腰布遮私處的「腰裙」。藉由圖像的呈現，更能深刻理解十八世紀前後原住民的生活樣貌。

四、清代采風圖的呈現與觀看

　　西方風俗畫（Genre Painting）的功能，是以日常生活和週遭環境爲題材，作爲生活的記錄，有象徵性及教化意義。清代以來，對於臺灣原住民的理解，則是透過「采風圖」的觀察記錄，以采風問俗、探訪民情等方式，作爲地方社會管理的統治策略與依據。

　　康熙二十二年（1683），清廷擊敗明鄭的勢力，取得臺灣之後，因爲對臺灣孤懸海外的特性與認識的不足，故而有棄留的爭議，經施琅（1621-1696）〈陳臺灣棄留利害疏〉的奏請，認爲臺灣有豐富資源，且爲戰略要地，力勸「棄之必釀成大禍，留之誠永固邊疆」，於是康熙皇帝始將臺灣納入版圖。同時，將順治十八年（1661）以來，東南沿海所施行的遷界令等海禁政策，陸續予以解除。不過，清前期對於臺灣治理的政策，採取較爲消極的態度。直到咸豐八年（1858）六月因《天津條約》而允許臺灣的三港口：臺灣（安平）、淡水、打狗（高雄），對外國勢力開放貿易之後，清廷的治臺政策才轉趨積極。於是對於臺灣的漢人與原住民，生活、習俗等社會環境，藉由地方志與采風圖的編纂記錄方式，進行較深入的理解，因此采風圖的編纂、繪製，於十八世紀左右大量的出現。

　　關於臺灣現存最早的縣志，是康熙五十六年（1717）由諸羅知縣周鍾瑄（1671-1763），所編纂完成的《諸羅縣志》，當時諸羅縣的範圍，涵蓋現在基隆到新竹之間的廣大區域。《諸羅縣志》卷首有雕版十幅的「番俗圖」，採黑白刊刻，包括乘屋、插秧、穫稻、登場、賽戲、會飲、春米、捕鹿、捕魚、採檳榔等生活習慣。根據周鍾瑄的〈自序〉記載：「熟番之俗，見於〈風俗志〉，圖其耕作、漁獵、室居、歲時、宴飲、歌舞之一二，使讀者髣髴其形似焉。」所以編纂《諸羅縣志》的原住民生活圖像，是爲了了解原住民的習慣，同時藉由圖像讓觀看者更加其理解生活狀況。

　　巡臺御史六十七，爲滿州鑲紅旗人，擔任巡臺御史期間（任期爲

1744-1747年），曾編纂《臺海采風圖》與《番社采風圖》。對於編纂目的，六十七記載：「乾隆癸亥（乾隆八年，1743）冬，余奉天子命，來巡斯土，……公餘之暇，及其見聞可據者，令繪諸冊若干幅，雖不能殫其十之二三，而物土之宜、風俗之殊，亦足以表聲教之訖，……爰題曰《臺海采風圖》，弄諸行篋，歸質於京華博雅君子，或亦有以迪寰昧而廣集益也夫。」依據學者研究，現存的《番社采風圖》，大致於乾隆十年至十一年之間（1745-1746）刊刻完成。

㈠《諸羅縣志》的平埔族圖像呈現

　　清康熙五十六年（1717）刊行的《諸羅縣志》，採黑白刊刻，比較詳實地記錄了原住民的容貌、身形、服飾與社群生活，此處所記載的原住民，主要是以平埔族爲主。例如身體紋飾的風俗習慣：「文（紋）身皆命之祖父，刑牲會社眾飲其子孫至醉，刺以針，醮而墨之。亦有壯而自文者，世相繼，否則已焉；雖痛楚，忍創而刺之，云不敢背祖也。……（女）繞唇胳皆刺之。」男女身上皆有紋飾的習慣，但部位稍有不同。

　　〈舂米〉：「粟不粒積，剪穗而藏、帶穗而舂，無隔宿之米。以巨木爲臼，徑四尺、高二尺許，面凹如鍋，鑿空其底，覆之如桶。旁竅三、四孔，以便轉移。杵輒易手，左右上下，按節旋行，或歌以相之。……大武郡以北，官長至各社，舂香禾爲糍；盛以盤，擇女之尤者擎而戴於首，跪馬前進之以爲敬。」呈現出原住民以巨木爲杵臼，搗去穀物的皮殼，製作成爲「糍」的食物，即帶有黏性的米食，類似麻糬、粿、糰子等食品；同時，還會伴隨歌舞等宴會場景。這種舂米的形制與風俗習慣，一直延續的清末，甚至是日本殖民時期都還持續保存著。

　　〈會飲〉：則記載飲食、聚會的習慣，而釀酒的情形，則是以糯米製成，「搗米成粉，番女嚼米置地，越宿以爲麴，調粉以釀，沃以水，色白，曰姑待酒；味微酸。外出，裹其醅以蕉葉，或載於壺盧。途次遇水，灌而酌之，渾如泔。」所以釀酒技術精良，其色香味美，是可作爲接待貴

客的重要食物，甚至有著「雖漢人之重釀無以逾也」的美譽。這些資料詳
實記錄了，早期原住民小米酒的釀製情形。乾隆《臺海使槎錄》則記載：
「酒凡二種：一舂秫米使碎，嚼米為麴，置地上，隔夜發氣，拌和藏甕
中，數日發變，其味甘酸，曰『姑待』。」釀製的過程大致相同。

　　〈捕鹿〉：記載攜帶獵犬，捕獵梅花鹿、獐的場景，也描寫獵犬與原
住民的關係，猶如親人般的親密：「犬大如黃犢，吠聲殊異。剪其雙耳，
以草木叢密且多莿，欲縱橫馳驟無所挂礙也。能生擒者曰『生咬』，獨擒
者曰『單倒』。捕鹿獐，發示追蹤，百不失一。價至三、四十千。以田犬
為性命，時撫摩之，出入與俱。數年前，有長官欲購番一犬，弗與，強而
後可。犬出，舉家闔戶痛哭，如喪所親。」清代畫家謝遂於乾隆二十六年
（1761）繪製的〈職貢圖〉，即記錄了臺灣原住民獵人和黑狗的形象，也
對照說明了獵犬對原住民狩獵的重要性，以及如家人般關係的親密。

　　〈採檳榔〉：記載採檳榔的場景，也提及漢人、原住民採收方式
的不同：「舍前後左右多植檳榔，新港、蕭壟、麻豆、目加溜灣四社為
最。……夏月酷暑，掃除其下，清風徐徐，令人神爽。漢人近亦廣植之，
射利而已。有至崇爻者，言各社之植尤盛。……檳榔子生木杪，高數丈，
漢人以長柄鉤鐮取之。番猱而升，攀枝而過，頃刻之間跳越數十樹。」可
見當時檳榔種植範圍之廣，除了臺灣南部的新港、蕭壟、麻豆、目加溜灣
等四大社之外，經過漢人種植獲利，甚至到達東部「崇爻」（即清初對花
蓮、臺東一帶的稱呼）等地。由於檳榔樹很高，採摘檳榔的方式也有所不
同，漢人是使用長柄鉤鐮等工具，而原住民則是直接攀爬摘取。從此圖的
描繪，可以看出原住民採檳榔的方式，已經受到漢人使用工具的影響。對
於檳榔的使用，涵蓋了食用、社交、治療、祭祀等多樣性的正面功能，而
非現代所謂的口腔癌、土石流、環境破壞等負面印象。

㈡《番社采風圖》的平埔族圖像呈現

　　清乾隆年間刊行的《番社采風圖》，採套色刊刻，繪圖較為精細，大

致延續《諸羅縣志》等各項記錄，但內容更為廣泛，圖像也更為精確，包括捕魚、捕鹿、猱採、種芋、耕種、刈禾、舂米、糖廍等生產活動，以及織布、渡溪、乘屋、守隘、瞭望等社會活動，與布床、迎婦等生命禮俗。

〈捕魚〉：描寫諸羅縣平埔族的捕魚方式，「諸邑目加溜灣、哆咯嘓等社，壯番以標槍弓箭，在岸上射之，名曰捕魚。」從圖像來看，可分成兩種方式，一種用簍捕魚，一種用鏢槍、弓箭射魚，捕獲的魚類，則放入腰間竹簍。平埔族捕魚的簍，稱為「笱」，是以竹編成桶狀，開口較大，頸部窄狹，裝有倒刺，魚蝦或螃蟹易入難出。射魚的習慣，平埔族在漢化後逐漸消失，改採灑網方式，之後存於高山族。圖中捕魚的四位男子，耳朵多戴有耳環，或以腕鐲戴在臂上，是常見平埔族成年男性的風俗習慣。

〈捕鹿〉：早期臺灣鹿群遍布各地，是平埔族最主要的獵物，肉可食用，皮可製成衣物，功用很廣，但經過平原開發後，鹿群遭到濫捕，部分地區的捕鹿活動，逐漸變成季節性的活動，而非常年性的工作，此圖記載：「淡防廳大甲、後壟、中港、竹塹、宵裡等社，熟番在秋末冬初，各社聚眾捕鹿，名為『出草』。」可見當時的狩獵季節大多在秋末冬初，而「出草」原意，則是指捕鹿的狩獵行為。乾隆《臺海使槎錄》也記載：「捕鹿名曰『出草』，或鏢，或箭，帶犬追尋。獲鹿即剝割，群聚而飲。臟腑醃藏甕中，名曰『膏蚌鮭』，餘肉交通事貿易納餉。」捕鹿時會以獵犬追捕鹿群，然後手持弓箭、標槍尾隨其後。然而草原遍地的鹿群，在十七世紀，荷蘭人、漢人與日本人從事大量鹿皮貿易之後，鹿群逐漸遭到捕殺殆盡。

〈猱採〉：即採摘檳榔、椰子等活動，「諸邑麻豆、宵壟、目加溜灣等社，熟番至七八月間猱採，名為採摘。」平埔族人攀爬於樹幹之間，體態輕盈，腰上佩有短刀，以利於採摘，而左邊樹幹的水果，是熱帶植物波羅蜜。乾隆時期的巡臺御史黃叔璥的〈番社雜詠・猱採〉：「盛植檳榔覆四檐，濃陰夏月失曦炎。猱升取子飛騰過，不用如鉤長柄鐮。」則是描繪採摘水果時，原住民使用工具與否的差異。

〈耕種〉：記載：「臺邑卓猴、羅漢門、新港等社，熟番男婦耕種水田禾稻，至十月間收穫。」傳統的平埔族，婦女是生產的主力，男人主要的任務是送飯，但從此圖的呈現，平埔族男性已開始從事稻田的耕作，傳統生產主力已有所轉變，可能是受到漢人的水稻種植技術以及社會習俗的影響。

〈織布〉：以坐地方式，雙腳伸直，抵住圓木的織具進行織布，「大甲、東大、甲西等社，番婦織布，一名達弋紋。其彰邑各社番婦盡能，惟大甲社番婦所織者甚然，最佳。」此種織布技術，至日治時期仍採用，與漢人傳統採用坐式織機的方式不同。

〈瞭望〉：記載平埔族人設立瞭望臺，用以防禦高山原住民：「淡防竹塹、南崁、芝芭裏、八里坌等社通事土目，建搭望樓，每日派撥蔴達巡視，以杜生番，並防禾稻也。」其中「蔴達」，或作「麻達」，是指平埔族未婚的少年，圖中兩名少年，身揹弓箭，手持傳統樂器鼻笛。

㈢《諸羅縣志》與《番社采風圖》收錄特色

兩書所收錄臺灣平埔族的生活習慣與圖像，大致可以分為：生產與狩獵活動、日常生活與習俗等兩類。生產與狩獵活動，包括捕魚、捕鹿、猱採、種芋、耕種、刈禾、舂米等。日常生活與習俗，則包括織布、渡溪、乘屋、迎婦、守隘、瞭望等。這些圖版的描繪與記錄，對於十八世紀當時的臺灣原住民活動，有更深刻的理解與認識。

關於兩書圖像記錄的關係，主要多是《番社采風圖》承襲《諸羅縣志》的內容與篇目，再加以增補詳細的記錄，而《諸羅縣志》採用黑白版畫刊刻，《番社采風圖》則是用套色刊刻，繪圖更為精細，這也就是巡臺御史六十七的編纂目的之一，用以「歸質於京華博雅君子，或亦有以迪寡昧而廣集益」，不僅具有記錄、教化管理的目的，還有視覺觀看、博學獵奇的意義。

五、清代圖像所呈現的原住民特色

　　無論是采風圖，或府志、縣志的圖文記載，都呈現了官方對於臺灣原住民的觀看與記錄，理解其生活習慣，進而制訂管理政策。不過藉由圖像的記錄，也可以看出漢人與平埔族的各種生活、服飾、風俗等文化差異。

(一)平埔族男性的外貌與裝扮

1. 成年男子的不蓄鬚

　　采風圖或府志的圖像，都描繪出平埔族成年男性，基本上都不留鬍鬚，乾隆《臺海使槎錄》即寫道：「拔髭鬚，名心力其菼菼。愛少惡老，長鬚者雖少亦老，至頭白不留一鬚。」而郁永河〈土番竹枝詞〉也寫道：「口角有髭皆拔盡，鬚眉都作婦人顏。」所以，康熙《諸羅縣志》、《番社采風圖》的「捕魚」、「捕鹿」、「猱採」等圖，隨處可見成年原住民不留鬍鬚的樣貌。比較特別的是，《番社采風圖》的「糖廍」圖，描繪原住民與漢人製糖的作坊，其中有幾位男性，頭帶烏青色頭巾、穿褲子，剃髮梳辮，並且留著鬍子，是漢人男子的裝扮。以及「社師」圖中，教導原住民孩童的塾師，也是剃髮、蓄鬚，這些都是漢人的外貌形象，藉此可以對應成年原住民不留鬍鬚的特徵。

2. 耳垂厚大的特徵

　　穿耳，或貫耳的習俗，主要是原住民男性常施戴耳環，以致於耳垂較為厚大。《臺海使槎錄》記載他里霧社：「他里霧以上，多為大耳。其始，先用線穿耳；後用蠔殼灰、漆木或螺錢或竹圈用白紙裹之，塞於兩耳，名曰『馬卓』。……或曰：番婦最喜男子耳垂至肩，故競為之。二林不為大耳，皆帶銅錫墜，長衣。」另有記載鳳山縣的原住民時，「穿耳，惟加藤、放索、力力三社或以木貫之，名『勞宇』。」他里霧社，位於今雲林縣虎尾、斗南附近；放索社、加藤社、力力社皆屬於鳳山八社，位於今屏東縣林邊附近。由於喜愛耳垂厚大，所以原住民男性經常施戴耳環，從康熙《諸羅縣志》、《番社采風圖》等各類圖像，都很明顯看到男性施

戴耳環的普遍現象。

㈡平埔族女性的織布習俗

　　乾隆《番社采風圖》的〈織布〉圖，繪製原住民以坐地方式，雙腳伸直，抵住圓木的織具進行織布，並記載：「大甲、東大、甲西等社，番婦織布，一名『達戈紋』。其彰邑各社番婦盡能，惟大甲社番婦所織者甚然，最佳。」乾隆《臺海使槎錄》則記載：「達戈紋用苧織成，領用茜毛織以紅紋爲衣，長只尺餘，釘以排扣。」而織布的工具則爲「用圓木挖空爲機，圍三尺許，函口如槽，名『普魯』。以苧麻捻線，或用犬毛爲之，橫竹木桿於機内，卷舒其經，綴線爲綜，擲緯而織，名『達戈紋』。又織麻布，名『老佛』。」所謂「達戈紋」的織布，主要是以苧麻所製成，紋飾以紅色爲主。黃叔璥〈番社雜詠・晝織〉：「蠻娘織作亦殊勤，圓木中空槽口分。尺布可堪持北去，但令知有達戈紋」。而康熙時期的臺灣北路營參將阮蔡文（1666-1715），曾以〈大甲婦〉描寫大甲社婦女織布的情形：「績縷須淨亦須長，撚勻合線緊雙股。斲木虛中三尺圍，鑿開一道兩頭堵。輕圓漫捲不支機，一任元黃雜成組。間彩頗似虹霓生，綻花疑落仙姬舞。……日計苦無多，月計有餘縷。但得稍閒餘，軋軋事傴僂。」也指出原住民婦女彎腰躬背、日夜紡織的辛苦。而此種織布的技術，與漢人傳統採用坐式的織機方式不同，但仍然沿用到日治時期。

㈢口琴、鼻笛的樂器

　　臺灣原住民各族群的樂器，以口琴、鼻笛等最常見，也最爲普及，外型與使用方式，與漢人社會文化有所差異。口琴，或稱嘴琴、口簧琴，《番社采風圖》的〈織布〉，就描繪出平埔族的兩名未婚少年，身揹弓箭，手持傳統樂器鼻笛。明代陳第在大員時，曾記載：「娶則視女子可室者，遣人遺瑪瑙珠雙，女子不受則已；受，夜造其家，不呼門，彈口琴挑之。口琴薄鐵所製，齧而鼓之，錚錚有聲。」康熙《諸羅縣志》：「削竹

爲嘴琴，其一制如小弓，……。其一制略及琴形，大如指姆，長可四寸，窾其中二寸許釘以銅片，另繫一小柄，以手爲往復，唇鼓動之，聲出銅片間，如切切私語，皆不能遠聞，而纖滑沈蔓，自有一種幽響……，以通情好。」

黃叔璥《臺灣使槎錄》對於口琴的描寫，則爲「製琴四寸截琅玕，薄片青銅窾可彈，一種幽音承齒隙，如聞私語到更闌。……薄暮，男女梳粧結髮，遍社戲遊，互以嘴琴挑之，合意遂成夫婦。琴以竹爲弓，長可四寸，虛其中二寸許，釘以銅片，另繫一小柄，以手往復，唇鼓動之。」而諸羅縣阿里山各社的婚嫁習俗，「未娶曰『胡仔轄』，亦曰『麻達』。未嫁曰『麻里氏冰』。不待父母媒妁，以嘴琴挑之相從，遂擁眾挾女以去，勢同攘敓。後乃以刀、斧、釜、鐺之屬爲聘，女家以雞、豕、達戈紋酬之，通社群聚歡飲。」因此，口琴不僅是聚會歡飲的樂器，更是未婚的男女，用以表達情感、互通愛意的方式，是促成婚嫁的重要媒介，足見原住民天眞爛漫的情懷。

鼻笛，又稱鼻簫，郁永河〈土番竹枝詞〉：「吹得鼻簫能合調，任教自擇可人兒。」《臺灣使槎錄》記載大武郡貓兒干社：「鼻簫長可二尺，亦有長三尺者：截竹窾四孔，通小孔於竹節之首，用鼻橫吹之，或如簫直吹，名『獨薩里』。又打布魯以木爲之，如嗩吶狀，聲亦相似。皆麻達遊戲之具。」無論是口琴或鼻笛，其功能不僅是聚會飲宴的樂器，更是未婚的男女，互通愛意與表達情感的媒介。一般而言，口琴爲男女皆可使用，而鼻笛較常爲男性所使用。

第十一章
特洛伊戰爭與諸神之戰

　　希臘羅馬神話是西方文化的重要核心之一，從荷馬（Homer）史詩敘述下的特洛伊戰爭，了解以宙斯（Zeus）為首的奧林匹斯山諸神譜系、神話內容與諸神的糾葛衝突，及其神話與史詩背後可能的歷史事實，與所代表社會意涵、文化特質及精神價值。而希臘羅馬神話內容與意義，更影響後世西方的藝術、醫學、商業、天文等各方面，成為歐洲文化的重要精神價值。

一、史詩中的特洛伊戰爭

　　詩人荷馬（Homer，約西元前八世紀），曾創作《伊利亞德》（*Iliad*）和《奧德賽》（*Odyssey*）兩部史詩作品，其中《伊利亞德》描述了特洛伊與希臘城邦軍隊的衝突，以及特洛伊城被圍困十年之久的戰爭場景。《伊利亞德》從戰爭的最後一年內談起，倒敘或暗喻許多希臘軍隊圍城的故事，以及戰爭的由來、各種預言。故事是以阿基里斯（Achilles）和統帥阿伽門農（Agamemnon）爭吵開始，到赫克特（Hector）的葬禮結束為止，藉以說明整個特洛伊戰爭的經過。

　　史詩特洛伊戰爭之中，所呈現的諸神與凡人之間關係緊密，例如特洛伊城在建城過程，受到宙斯（Zeus）的守護，而宙斯尤其特別喜愛特洛伊王子赫克特（Hector），在戰爭期間多偏袒特洛伊。愛神愛芙羅黛蒂（Aphrodite）因獲得榮耀的金蘋果，於是與戰神阿瑞斯（Ares）、信使之神荷米斯（Hermes）等情人，一起協助特洛伊城。此外，太陽神阿波羅（Apollo）、海神波塞頓（Poseidon）也曾協助特洛伊城築起防禦城牆和堡壘，於是堅固的洛伊城有十年不被攻陷的神話，但期間特洛伊人得罪了

波塞頓，所以後來在戰爭開始之後，波塞頓轉而幫助希臘人。

　　希臘城邦的守護神，則主要是雅典娜（Athena），所以戰爭開始之後，雅典娜基本上是偏袒希臘人，不僅在戰場上協助阿基里斯（Achilles），最後希臘人想出的木馬屠城計，將要被太陽神廟祭司拉奧孔（Laocoon）識破時，雅典娜遂加以制止，還從海中召喚巨蛇，絞死拉奧孔與兩個兒子。而天后赫拉（Hera）則因金蘋果的紛爭，以及波塞頓因對特洛伊的厭惡，都協助希臘人擊敗特洛伊城。

　　整體而言，荷馬史詩所敘述的特洛伊戰爭，整體大致可分為三部曲：金蘋果事件（Golden Apple of Discord）、帕里斯的判決（Judgement of Paris）、特洛伊戰爭（Trojan war）。雖然荷馬史詩的特洛伊戰爭，描寫得較為奇幻，但是所呈現的希臘神話內容，反映出以下幾種特點：1.諸神與凡人具有相似的性格，較為人性化；2.神祇之間的關連性密切；3.以宙斯為首的諸神系統關係；4.西方文化重要的根源。因此，希臘神話構成了西方文化重要的精神與思想。

　　歷史上古希臘文明的發展，是以愛琴海（Aegean Sea）地區為主，先後孕育出以克里特島的邁諾斯文明（Minoan civilization），以及邁錫尼島的邁錫尼文明（Mycenaean Greece）。而詩人荷馬所創作《伊利亞德》、《奧德賽》等史詩作品，主要都是以這兩個時期為主，因此又被稱為「荷馬時代」。

　　1871年德國考古學家，發現特洛伊城遺址廢墟，被認為是荷馬史詩時期的特洛伊城，但仍有爭議。根據歷史上記載的洛伊城，是古希臘時代小亞細亞（今土耳其）西北部的城邦，鄰近達達尼爾海峽（Dardanelles Strait），是馬爾馬拉海（Sea of Marmara）和愛琴海之間，重要的交通要道，也是連接黑海以及地中海的唯一航道，也是亞洲和歐洲的分界線。推測特洛伊城毀滅於西元前十三世紀（約在商代盤庚遷殷時期），可能是因為經濟貿易或戰略位置等因素，與希臘城邦產生軍事上的衝突。

二、紛爭與戰爭的開端：金蘋果事件

在人間英雄佩琉斯（Peleus）與海洋女神忒提斯（Tethys）的婚宴上，由天神宙斯（Zeus）親自主持，邀請了許多奧林匹斯諸神參與赴宴。原本宙斯也愛戀海洋女神忒提斯的美貌，想娶她爲妻，但有神諭指出，海洋女神忒提斯之子，將會比父親更爲強大。由於宙斯的權力，是來自於擊敗父親克洛諾斯（Cronus）與泰坦諸神（Titans），所以不願意再看到強大而危險的競爭對手，於是將忒提斯嫁給人間英雄佩琉斯，之後便生下了希臘英雄阿基里斯（Achilles）

婚宴之中，諸神雲集，唯獨遺漏了糾紛女神厄里斯（Eris）。爲此，厄里斯極爲憤怒，不請自來之後，特意留下刻有「獻給最美麗」（to the most beautiful）的金蘋果，隨即憤而離去，企圖製造諸神之間的爭執與紛爭。

果然，婚宴上的三位女神：智慧與戰爭女神雅典娜（Athena）、愛神愛芙羅黛蒂（Aphrodite）、天后赫拉（Hera）等三位女神都認爲自己最有資格擁有金蘋果，於是開始爭奪金蘋果。身爲眾神之神的宙斯，理應就這件事加以裁決，決定金蘋果的歸屬，但是宙斯內心深知，無論選擇哪位女神，都勢必得罪另外兩位女神，於是認爲此時在特洛伊城附近山上牧羊的帕里斯（Paris），更適合成爲這道難題的裁判，並派遣信使之神荷米斯（Hermes），傳達神諭給山下的年輕牧羊人帕里斯，由他來代爲裁決金蘋果的歸屬。

帕里斯（Paris）原爲特洛伊的一位王子，但因出生時，母親夢見火炬，被預言爲將會爲特洛伊城帶來毀滅的災難，於是被丟棄山中，由牧羊人扶養長大。之後，因特洛伊城舉辦競技比賽，由於帕里斯的表現出色，被父親特洛伊國王普里阿摩斯（Priamus）認出，於是重回到特洛伊城。但是帕里斯雖然因爲裁決金蘋果的歸屬，娶得了美女海倫，卻也引發希臘聯軍的戰爭，最後導致整個特洛伊城，捲入毀滅性的災難。

十七世紀畫家雅各布（Jacob Jordaens，1593-1678）於1633年的油畫作品〈金蘋果爭執〉（Golden Apple of Discord），描寫了糾紛女神厄里斯，來到婚宴上留下金蘋果的場景。圖畫最右邊是婚禮主角佩琉斯與忒提斯，中間上方有翅膀且面帶憤怒的，就是紛爭女神厄里斯，而手持金蘋果端詳注視者是宙斯，宙斯左側的是智慧女神雅典娜，右側是信使之神荷米斯。宙斯對面是天后赫拉，赫拉旁邊站立者是戰神阿瑞斯（Ares），後方左側戴有彎月頭飾者，是月神阿提蜜絲（Artemis）。雅各布將宴會上諸神的驚訝、疑惑、專注等各種表情，描繪得極為貼切。

三、帕里斯的判決

由於帕里斯（Paris）接受信使之神荷米斯（Hermes）傳達宙斯的神諭，必須要裁決金蘋果的歸屬，而智慧與戰爭女神雅典娜（Athena）、天后赫拉（Hera）、愛神愛芙羅黛蒂（Aphrodite）等三女神，也無所不用其極的想爭取「最美麗女神」稱號，所以向帕里斯提出了各自的賄賂條件：雅典娜答應讓他成為世界上最聰明的智者，赫拉讓他成為世界上最有權勢的君王，愛芙羅黛蒂則以世界上最美麗的女子作為賄賂。最後，帕里斯選擇將金蘋果，交給了愛神愛芙羅黛蒂，而愛神則回報給他世間上最美麗的女子，也就是當時的斯巴達王后：美女海倫（Helen）。

海倫的絕世美貌，何以能吸引所有人的目光？根據史詩記載，因為天神宙斯聽說斯巴達國王達瑞斯（Tydareus），娶了一位貌美的王后：麗達（Leda），後來一見之下，也情不自禁的被吸引，於是化身為天鵝，藉以誘惑麗達，並與之調情，麗達受到誘惑後生下兩個蛋，每個蛋都變成兩個小孩，共兩男兩女，其中海倫（Helen）與克麗泰斯特拉（Clytemnestra），就是孿生姐妹。也因此海倫（Helen）是宙斯的後代，具有半人半神的特性，其擁有美貌也有神性的吸引力，能令人無法抗拒。史詩甚至描述，海倫之後被帶到特洛伊，引發了特洛伊與希臘雙方戰士的廝殺，令她非常難過，於是開戰時在特洛伊城牆上深切凝望，而城下的兩

軍戰士，因受到海倫美貌的影響，雙方頓時失去戰爭殺伐之心，決定休戰一天。

　　海倫既為斯巴達國王達瑞斯（Tydareus）的女兒，又因為美貌動人，引起所有希臘城邦王子的追求，都想要娶她為妻，然而國王達瑞斯不想得罪諸位王子，於是決定以抽籤的方式，決定女婿人選。同時，要求在場者共同發誓，無論是誰抽到籤，其他人都不能反悔，日後若是海倫陷入麻煩時，在場之人有義務發兵援助，不能違反誓言，否則將受到詛咒。最後，由邁錫尼王子莫奈勞斯（Menelaos）抽中，娶得海倫為妻，並入贅斯巴達，之後繼任為斯巴達國王。而莫奈勞斯的兄長阿伽門農（Agamemnon），則娶了海倫的雙胞胎克麗泰斯特拉（Clytemnestra），並回國繼任為邁錫尼國王。

　　由於愛神愛芙羅黛蒂（Aphrodite）承諾讓海倫（Helen）成為帕里斯（Paris）情人，因此勸說（或施咒誘拐）了海倫，使得她拋棄家鄉、丈夫，跟隨帕里斯來到了特洛伊。對於當時的斯巴達國王莫奈勞斯（Menelaos）而言，王后被誘拐，極為惱怒，要求昔日在場抽籤者，共同履行誓約，由兄長阿伽門農擔任統帥，隨即組成希臘聯軍，以一千艘船艦的大軍進攻特洛伊城。

　　巴洛克時期畫家魯本斯（Peter Paul Rubens，1577-1640），所畫的〈帕里斯的裁判〉（The Judgement of Paris），即描寫了信使之神荷米斯（Hermes）帶來神論，交由帕里斯做出裁決，決定誰是最美麗的女神。畫面之中，由於帕里斯尚未恢復王子的身分，所以仍是牧羊人的裝扮，腳旁有牧羊犬，遠處有羊群，手中則拿著金蘋果，似乎在仔細的端詳思考。帕里斯的對面則是三女神，最左側的女神腳邊有盔甲及鑲有蛇髮女妖梅杜莎（Medusa）的盾牌，是雅典娜（Athena）。最右側的女神旁邊有孔雀，是權勢的象徵，因此是天后赫拉（Hera）。而中間的女神，就是愛神愛芙羅黛蒂（Aphrodite）。魯本斯一貫以巴洛克的風格，呈現畫面華麗與柔和，充滿著溫暖午後的輕快之感，似乎輕巧淡化了即將發生的重大戰

事與風暴。

四、特洛伊戰爭的經過與結束

關於希臘與特洛伊的這場大戰，有神諭指出，必須要有阿基里斯（Achilles）的參戰，希臘聯軍才能獲勝，並順利攻下特洛伊。海洋女神忒提斯（Tethys）其實早在兒子出生時，就已經得知預言結果：兒子將會死在戰場上。於是愛子心切的她，早就已經將嬰兒的阿基里斯（Achilles），全身浸泡在冥河（River Styx，斯提克斯河）之中，使其全身刀槍不入、不會受傷。但因為忒提斯手握嬰兒右腳踝浸泡，所以阿基里斯的右腳踝，沒有浸泡到冥河之水，於是成為阿基里斯全身最脆弱的地方。

戰爭即將開始時，海洋女神忒提斯又為了保護並避免兒子出戰，死於戰場上，故意將阿基里斯男扮女裝，藏在斯庫羅斯島（Scyros）的呂科墨得斯宮殿（Lycomedes）之內，並混雜在一群女性之中，意圖使其無法參加戰爭。由於希臘預言家卡爾卡斯（Calchas）指出神諭，唯有阿基里斯參戰，才能攻下特洛伊城，同時指出其所藏匿的地點。於是，希臘聯軍的英雄奧德修斯（Odysseus），假扮商人來到宮殿，並運用智慧，從餽贈的珠寶、首飾與武器之中，找出阿基里斯，再邀請他一同前往特洛伊戰場。

畫家彼得·范·林特（Lint Peter van Lint）所繪的〈阿基里斯與呂科默得斯女兒之間〉（Achilles with the Daughters of Lycomedes），即描繪阿基里斯藏身在島上宮殿，而假扮商人的奧德修斯，帶來了許多珠寶、首飾等，當中只有幾件刀劍與盔甲，於是阿基里斯手持寶劍欣賞，隨即被奧德修斯等人一把抓住，終而被認出。畫中身披紅袍的阿基里斯，似乎面露驚訝，更顯示出奧德修斯的智慧與機警。

最後，海洋女神忒提斯得知兒子終究必須出戰，但仍希望兒子不要受到任何傷害，於是將結婚時火神與工匠之神赫菲斯托斯（Hephaestus）所贈的鎧甲、海神波塞頓（Poseidon）贈送的馬匹、人馬凱隆（Chiron）送

的矛，全都交給阿基里斯。

　　雙方開戰之前，希臘聯軍集結在港口準備出發，而邁錫尼國王阿伽門農（Agamemnon）因為出海時狩獵公鹿，極其誇耀自己的狩獵技巧，引起月神與狩獵女神阿提蜜絲（Artemis）的憤怒。月神阿提蜜絲於是故意讓海面上風平浪靜，使希臘聯軍的戰艦無法在愛琴海上航行，以示懲罰阿伽門農。希臘聯軍的預言家告知，只有獻祭阿伽門農的長女伊菲尼亞（Iphigenia），才能平息月神的憤怒。阿伽門農雖然不得已，只好欺騙妻子與女兒，謊騙伊菲尼亞，要將她許配給阿基里斯，而讓伊菲尼亞被騙往獻臺獻祭。

　　阿伽門農（Agamemnon）的妻子克麗泰斯特拉（Clytemnestra），即海倫的雙胞胎姐姐，在得知女兒被丈夫欺騙，且將被獻祭時，感到非常震驚而悲傷。但伊菲尼亞仍為了父親，能讓希臘聯軍順利出航，表示願意犧牲自己。祭壇之上，當伊菲尼亞將被殺獻祭時，月神阿提蜜絲感受到伊菲尼亞的犧牲心意，遂心生憐憫，出現在祭臺之上，一瞬間讓伊菲尼亞消失無蹤，只留下一頭公鹿替代她，希臘聯軍也因此順利出戰。不過凡人只見到伊菲尼亞被獻祭，特別是克麗泰斯特拉怨恨丈夫為了自己的權勢，輕易的犧牲女兒，於是埋下了十年之後，刺殺阿伽門農的動機。

　　戰爭開始之初，希臘有勇士阿基里斯（Achilles），特洛伊也有喻為「特洛伊城牆」的勇士赫克特（Hector），於是雙方互有勝負，僵持了近十年。整體而言，只要阿基里斯參戰，希臘聯軍都能獲得勝利；若阿基里斯不參戰，則希臘聯軍必定失敗。然而，阿基里斯與希臘聯軍統帥阿伽門農之間，多有不和之處。之後阿伽門農擄走了阿波羅神殿祭司之女克律塞伊斯（Chryseis），祭司希望能夠贖回女兒，卻被阿伽門農拒絕。於是祭司請求太陽神阿波羅懲罰希臘人，阿波羅遂於希臘軍隊散布瘟疫，造成死傷慘重。阿伽門農不得已，只好交出祭司之女，卻轉而掠奪阿基里斯的女奴布里塞伊斯（Briseis）。此舉引起阿基里斯的憤怒，甚至欲拔劍向阿伽門農興師問罪，最後更拒絕參戰，對戰事袖手旁觀，致使希臘聯軍面對特

洛伊軍隊的強烈攻勢，節節敗退。

阿基里斯的摯友帕特羅克洛斯（Patroclus），眼見戰事危急，於是假扮阿基里斯前往戰場，在決鬥之中，卻不敵赫克特而被殺死。阿基里斯得知此事之後，悲痛欲絕，甚至不食不眠。最後，爲了復仇而決鬥，不僅殺死赫克特，並殘殺凌虐其屍體，再拖行洩憤，不讓他光榮下葬；並以十二個特洛伊戰士，獻祭給摯友帕楚克魯斯。同時，還殺死特洛伊盟軍：亞馬遜族（Amazones）女王潘賽西莉亞（Penthesilea）等人，而潘賽西莉亞則是戰神阿瑞斯（Ares）的女兒。

特洛伊國王普里阿摩斯（Priamus）眼見兒子赫克特無法安葬，極爲悲傷，於是不懼危險，隻身潛入敵營，不斷懇求阿基里斯。而母親海洋女神忒提斯（Thetis）也勸說阿基里斯，告知其行爲已觸犯眾神之怒，於是阿基里斯才答應歸還赫克特的屍體。不過，阿基里斯的復仇舉動，引起部分諸神的不滿，尤其是太陽神阿波羅，認爲阿基里斯狂妄殘暴，大開殺戮，而且多次冒犯自己，必須予以懲戒。於是在阿波羅的告知與引導之下，帕里斯以弓箭射中阿基里斯的唯一弱點：腳踝，阿基里斯遂戰死在戰場之上。此後西方醫學上的阿基里斯腱（Achilles tendon），就是源自於阿基里斯腳踝的典故，不僅成爲醫學上的名詞，後來更延伸爲人最脆弱的致命傷。

事實上，《伊利亞德》在史詩開頭，就指出這場戰爭是以「阿基里斯的憤怒」爲主題，史詩寫到：「Sing, O goddess, the anger of Achilles son of Peleus, that brought countless ills upon the Achaeans. Many a brave soul did it send hurrying down to Hades, and many a hero did it yield a prey to dogs.」直接說明佩琉斯之子阿基里斯的憤怒，造成了這場凶險的戰爭與災禍，並會帶來無數希臘人（Achaeans，即阿開亞人，泛指古希臘人）的苦難，將英勇戰士之魂送往冥府，使他們的屍體成爲野狗的獵物。而阿基里斯的兩次憤怒，也是影響希臘與特洛伊雙方戰局的轉變，至爲重要的關鍵因素。

第一次憤怒，是阿伽門農（Agamemnon）因被迫歸還阿波羅神殿祭

司之女，轉而掠奪阿基里斯的女奴，導致阿基里斯的憤怒，拒絕出戰，致使希臘的戰況急轉直下，節節敗退。

第二次憤怒，是因摯友帕特羅克洛斯（Patroclus）假扮他，與赫克特決鬥而戰死沙場，阿基里斯在悲痛之下，因復仇而決鬥，殺死赫克特，拖行屍體洩憤，且不讓他光榮下葬。此舉引起諸神憤怒，而阿基里斯最後也死在帕里斯弓箭之下。

魯本斯（Peter Paul Rubens）於1630年左右，繪製了油畫作品〈阿基里斯的憤怒〉（The Wrath of Achilles），就是描寫了阿基里斯因阿伽門農的蠻橫無理，搶奪了他的女奴，於是在感到羞辱與憤怒之下，與其爭吵，甚至準備拔劍殺死阿伽門農，卻被雅典娜所阻止，只得作罷，憤而離營，自此不參加戰鬥。畫面中阿伽門農端坐王座之上，似乎被阿基里斯的憤怒舉動驚動起身，睜眼注視。阿基里斯左手準備拔劍時，卻被雅典娜及時扯住頭髮，面對雅典娜的勸說與阻止，阿基里斯似乎面露出驚訝與不滿，而腳下匍匐於地且繫上鐵鍊的獅子，則反映出阿基里斯內心不甘與無奈的心情。

五、戰爭的終結：木馬屠城

由於戰爭的慘烈，雙方英雄陸續戰死沙場，戰事也持續僵持到第十年。希臘大軍逐漸萌生退意，因此希臘聯軍的智者奧德修斯（Odysseus）獻策木馬屠城之計，將戰士藏於巨型木馬之中，然後留下木馬，偽裝撤退，藉此奇襲特洛伊城。而特洛伊人看見希臘退兵，欣喜之餘，將木馬帶入城中，然而太陽神祭司拉奧孔（Laocoon），已識破計策並加以阻止，並要求特洛伊人把木馬燒掉。雅典娜為了避免計謀被破壞，於是從海中召喚巨蛇，絞死拉奧孔與兩個兒子，使得希臘的木馬之計得以成功。

此外，特洛伊公主卡珊德拉（Cassandra），也同樣識破了木馬屠城之計，但是卻不被眾人所相信。最後到了夜晚，希臘戰士從巨型木馬中出來，打開特洛伊城門，與埋伏在外的大軍會合，終於攻陷特洛伊城，而長

達十年的戰爭，就此結束。

　　西班牙矯飾主義畫家葛雷柯（El Greco，1541-1614）於1610年左右，畫了名爲〈拉奧孔〉（Laocoon）的油畫作品，描寫祭司拉奧孔因告誡特洛伊人，小心希臘人別有陰謀的木馬，而遭到毒蛇絞死。畫面的中央和左側，拉奧孔和他的兒子，正因爲毒蛇纏繞，痛苦地扭動著身軀，人物在深色光景的環繞下，顯出鬼魅般的慘白。同時因誇大、矯飾的線條與手法，使人物比例形成過度的誇張表現，毒蛇的扭曲纏繞，更顯出畫面的動感，與詭譎的氣氛。

　　希臘人攻陷特洛伊城之後，進行殘酷的燒殺擄掠，然後帶著戰利品滿載而歸，在回程途中因冒犯雅典娜的神殿祭司，於是雅典娜引起暴風，造成希臘人的重大傷亡，只有極少數人生還。而特洛伊城只有一位王子伊尼亞斯（Aeneas），召集了少數存活的人，逃出特洛伊城。由於伊尼亞斯是愛神愛芙羅黛蒂（Aphrodite），與特洛伊王族安基塞斯（Anchises），兩人所生下的兒子，預言指出他是少數特洛伊城倖存者，因此在戰場上受到諸神的庇佑。

　　特洛伊城破之後，伊尼亞斯帶著少數人出逃，途中經過西西里島，又經過迦太基，迦太基皇后蒂朵（Dido）與伊尼亞斯產生短暫的戀情，蒂朵提議讓流亡的特洛伊人，在迦太基定居下來，並由她們兩人共同統治迦太基。但愛神愛芙羅黛蒂（Aphrodite）與信使之神荷米斯（Hermes）加以提醒，於是伊尼亞斯等人悄悄離開迦太基，繼續前進。最後一行人輾轉流亡至義大利，並建立了羅馬城，於是成爲羅馬人傳說的始祖。

　　長達十年的戰爭，終於結束，但是希臘與特洛伊的雙方英雄，多數並沒有平安生還，而希臘聯軍之中少數回到故鄉的，就是奧德修斯（Odysseus）。奧德修斯英勇善戰、足智多謀，戰爭前曾去面見特洛伊國王，尋求和平解決但未獲結果；又識破男扮女裝的阿基里斯、以木馬屠城計攻破特洛伊城。但是他在歸途之中，因刺瞎獨眼巨人（Cyclops），屢遭海神波塞頓的阻撓，同時克服海妖塞壬（Siren）歌聲的誘惑，歷盡

各種艱辛危難，終於在戰爭結束後的十年，隻身安全的回到故鄉以薩卡（Ithaca）。

六、諸神的介入與史詩寓意

　　在史詩描寫的希臘與特洛伊戰場上，常見到諸神介入的身影，例如宙斯偏袒特洛伊，月神與狩獵神阿提蜜絲（Artemis）阻擋希臘聯軍艦隊出發，太陽神阿波羅降瘟疫於希臘軍隊。而海神波塞頓偏袒希臘人，雅典娜則時常在戰上中援助希臘軍隊。

　　以史詩《伊利亞德》記載的雅典娜爲例：雅典娜爲了幫助希臘，穿上宙斯戰袍，披上盔甲，常出現在戰場上（《伊利亞德》5）。而且當阿基里斯痛失好友，不食不眠時，雅典娜將天界之食，灌入阿基里斯體內，並於復仇之戰時，赫克特對阿基里斯擲出的長槍，都會被雅典娜輕吹使之偏離（《伊利亞德》20）。甚至還在戰場上刺傷戰神阿瑞斯（Ares），將愛神愛芙羅黛蒂（Aphrodite）一拳打倒在地（《伊利亞德》21）。而兩位男、女戰神之間的較勁，也成爲後代畫家的繪畫題材，著名的新古典主義畫家大衛（Jacques-Louis David，1748-1825），就繪製了〈蜜涅芙大戰馬爾斯〉（The Combat of Mars and Minerva），以蜜涅芙（Minerva，即希臘神話的雅典娜Athena）擊敗馬爾斯（Mars，即希臘神話的阿瑞斯Ares），雖然同爲戰爭之神，但男、女戰神所代表的戰爭性質不同：蜜涅芙（即雅典娜Athena）代表著眞理與和平的戰爭，馬爾斯（即阿瑞斯Ares）則是代表殘酷、血腥與毀滅的戰爭。因此，蜜涅芙擊敗馬爾斯，正是象徵了眞理與和平的理想，終將戰勝毀滅的武力。

1. **特洛伊戰爭史詩的寓意**：整體而言，從特洛伊戰爭之中的史詩寓意，大致有兩種核心的精神：命運的不可違逆、諸神的情慾天性。
   (1) **命運的不可違逆**：在史詩之中的所有人、事、物，都有其命運與預言，亦即出生之後，就已經決定，且無法更改。例如特洛伊城牆可阻擋敵人十年、帕里斯註定帶來特洛伊城的毀滅、阿基里斯與赫

克特都註定死於特洛伊戰爭、特洛伊城毀滅後只有王子伊尼亞斯（Aeneas）等少數人存活。這樣的命運與預言，有時即使是諸神也無法改變，例如宙斯想解救赫克特，受到雅典娜質問之後，便只能放棄，因為即使貴為眾神之神的宙斯，也無法改變命運，否則將反遭傷害或毀滅。而當特洛伊城毀滅時，預言表示小王子伊尼亞斯（Aeneas）是倖存者，即使是討厭特洛伊人的海神波塞頓，也必須與阿波羅一同去拯救伊尼亞斯。

(2) **諸神的情慾與天性**：史詩之中的諸神，都有其情慾的一面，與凡人極為相同，即使貴為天神的宙斯，仍舊會為了追求美女或女神，變化成不同的人物與形態，而與之生下後代，史詩中的海倫，就是天神宙斯的後代。三女神也會為了爭奪「最美麗女神」的稱號，而相互競爭、報復，並在人間的戰場上，各自支持一方，甚至結成群體相互對抗。例如愛神因為支持特洛伊，便將情人戰神阿瑞斯（Ares）、神使荷米斯（Hermes）等，引導加入戰局。阿波羅降下瘟疫於希臘軍隊、阿提蜜絲讓海面上風平浪靜阻擋希臘聯軍等。

雅典娜主要是支持希臘人，所以幫助阿基里斯、以海蛇絞死特洛伊祭司拉奧孔等，但若是希臘人冒犯她，仍舊會引起風暴，造成希臘人嚴重死傷。所以，上述的事例說明諸神與凡人一樣，都有情慾與各種情感。

2. **希臘神話譜系與影響**：希臘神話不只影響羅馬神話，更成為西方文明的精神與價值，相較於東方的神話，希臘神話較為系統化，且有完整的譜系，之前為泰坦諸神系統（Titans），之後則以奧林匹斯諸神（Olympians）的宙斯為主，包括十二主神，向外延伸擴張，諸神之間都互有關係連結。而西方文化之中，無論是文學、醫學、心理學、天文，甚至是近代商業活動的商標等，都看得出希臘神話的影響。

(1) 在醫學與心理學方面：

①**第一節頸椎（寰椎，*Atlas*）**：是指背負地球的泰坦巨神阿特拉斯

（Atlas），因泰坦諸神與宙斯爲首的諸神，雙方經歷了激烈抗爭，之後由宙斯等諸神取得勝利，於是泰坦神阿特拉斯，被處罰背負地球，承受巨大重量做爲懲罰。在西方醫學上第一節頸椎，爲支撐重物之處，因此以阿特拉斯命名。

②**阿基里斯腱**（*Achilles tendon*）：是指腳踝的肌腱，取自於阿基里斯因腳踝之處，未浸泡到冥河之水，所以成爲全身最脆弱之處，而在西方醫學上則以此稱呼腳踝的肌腱。

③**戀父情結**（*Electra Complex*）：是指阿伽門農因獻祭長女伊菲尼亞（Iphigenia），引起妻子克麗泰斯特拉（Clytemnestra）的怨恨，因此於特洛伊戰爭結束後，阿伽門農返回故鄉時，克麗泰斯特拉聯合情夫殺死丈夫。而阿伽門農次女厄勒克特拉（Electra），則殺死母親爲父報仇，因此心理學上就以厄勒克特拉命名，表示女孩愛戀父親的情結。

④**戀母情結**（*Oedipus Complex*）：伊底帕斯（Oedipus）原爲底比斯國王之子，因神諭預言孩子將會弒父娶母，所以出生後就被丟棄，但嬰兒輾轉送給科林斯國王所收養。此後，伊底帕斯在旅途之中，不知情的殺死親生父親，又因英勇被推舉爲底比斯國王，不知情的娶了親生母親。最後，伊底帕斯得知事實後，刺瞎雙眼，自我放逐。因此心理學上就以伊底帕斯命名，表示男孩愛戀母親的情結。

⑵**在天文學的影響**：天文學的行星命名，除了地球之外，也多以希臘羅馬神話之中的羅馬諸神名字爲命名。首先，最靠近太陽的行星是水星（英文名Mercury），他是羅馬神話中的信使之神，墨丘利（希臘名爲荷米斯Hermes），掌管商業、旅遊，因此以其與在星空移動速度快的水星，予以聯想在一起。離太陽第二近的是金星（Venus）是掌管愛與美的女神，維納斯（希臘名爲愛芙羅黛蒂Aphrodite），因爲金星是天空中肉眼可見，除了太陽、月亮以外，最亮的行星，

耀眼地象徵與美麗的維納斯相契合。距離太陽第三近的為地球（Earth）。距離太陽第四近的是火星（Mars）是羅馬神話的戰神瑪爾斯（希臘名為阿瑞斯Ares），由於火星因為外觀是火紅色，具有殺伐、熾熱的鮮明形象，與掌管戰爭的戰神聯想一起。

再者，是木星（Jupiter），因為木星是太陽系裡最大的行星，故而以羅馬神話中的眾神之神朱比特（希臘名宙斯Zeus）為命名。再來是土星（Saturn），是羅馬神話中掌管農業與收成之神撒頓，因土星外觀，看似田野中熟成的麥子的顏色，故以此為名。再來，則是天王星（Uranus），因天王星是一八○○年代，才被天文家所發現，於是仍沿用神話來命名，Uranus是宙斯的祖父，即天空之神烏拉諾斯。最後，是距離太陽最遠的是海王星（Neptune），因為海王星是藍色的，與羅馬神話掌管海洋之神尼普頓（希臘名波塞頓Poseidon）一樣，因此以Neptune來命名。

1930年科學家發現新的行星，命名為冥王星（Pluto），即羅馬神話的冥王普路托（希臘名黑帝斯Hades），並視為是第九大行星。不過，在2006年8月，科學家再次對行星的質量、類型重新定義，將原本的冥王星，移除於行星之外，降為矮行星，因此只剩下太陽系的八大行星。

(3)**近代商業的影響**：近代商業標誌、圖案，也常以希臘羅馬神話的諸神或相關意涵而加以命名，例如全球連鎖咖啡店星巴克（Starbucks）的標誌，是以海妖賽壬（Siren）為主，從早期神話的人面鳥身的形象，轉化為商業標誌的人面雙尾魚形象，進而逐漸進行簡化，形成近代綠色系的女性臉部圖案。

其他諸如：義大利跑車瑪莎拉蒂（Maserati）的標誌，則是以海神波塞頓（Poseidon）的武器：三叉戟，作為跑車的標誌，具有引起風暴與海嘯，強烈震撼力的象徵。義大利時裝和皮革配飾名牌的凡賽斯（Versace）商標，則是以蛇妖美杜莎（Medusa）作為標誌，象徵

能讓人被吸引而無法自拔的愛上。法國聞名的白蘭地人頭馬（Remy Martin），則是以半人馬凱隆（Chiron）爲名。

附表：

特洛伊戰爭中相關希臘諸神名稱對照：

希臘神話	羅馬神話同位神
天神宙斯（Zeus）	朱比特（Jupiter）
天后赫拉（Hera）	朱諾（Juno）
愛神愛芙羅黛蒂（Aphrodite）	維納斯（Venus）
智慧與戰神雅典娜（Athena）	蜜涅芙（Minerva）
太陽神阿波羅（Apollo）	阿波羅（Apollo）
海神波塞頓（Poseidon）	尼普頓（Neptune）
戰神阿瑞斯（Ares）	瑪爾斯（Mars）
月神與狩獵神阿提蜜絲（Artemis）	黛安娜（Diana）
信使荷米斯（Hermes）	墨丘利（Mercurius）
火神赫菲斯托斯（Hephaestus）	伏爾坎（Vulcan）

第十二章
路易十四圖像的製作與建構

　　法國國王路易十四（Louis XIV），在所處的社會環境與政治時局中，以君權神授、宗教統一，作爲王權的集中，更以推廣發展藝術文化、時尚潮流等方式，並自稱爲太陽王的象徵意涵，達到爲君王與自我形象的塑造。同時，將繪畫、雕塑、工藝品等藝術創作，結合國家政策的發展，讓藝術家的創作，從個人的藝術行爲，轉而成爲國家的重要政策。進而理解凡爾賽宮（Versailles）的建造，背後政治、藝術、社會、時尚等多重目的，以及對於當時法國與歐洲貴族社會的各種影響。

一、生平與事蹟

　　路易十四（Louis XIV，1638-1715），法國波旁王朝（Maison de Bourbon）的國王，是路易十三（Louis XIII，1601-1643）的長子，五歲時登基，母親安娜王后（Anne d'Autriche）攝政，二十四歲親政，在位長達七十二年。

　　關於路易十四的出生，有許多的傳言與說法，甚至被視爲一種奇蹟，主要是因爲路易十三與安娜王后，結婚23年以來，都未曾生育子女，其中安娜王后還有4次死產。因此，路易十四的出生後，被命名爲「天賜路易」（Louis Dieudonné），或暱稱爲「路易久等了」。由於種種特別因素，民間流傳著路易十四生父的質疑，甚至還出現「鐵面人」故事的流傳。

　　鐵面人的故事，是路易十四執政時期的神祕囚犯，曾先後被關押在巴士底監獄等不同地方。由於此人一直戴著絨布製成黑色面具，沒有人見過他的真實面容，卻受良好的照顧，唯一的限制是，一旦脫下面具，馬上被

處死。因此其身分特殊，受到許多探討和研究，並成為許多著名小說的題材。

法國啓蒙時代思想家伏爾泰（Voltaire，1694-1778）認為，鐵面人是安娜王后與樞機主教馬薩林的私生子，也就是路易十四的同母異父弟。而法國浪漫主義文學家大仲馬（Alexandre Dumas，1802-1870），在其《布拉熱洛納子爵》小說中承襲了此種觀點，將鐵面人寫成是路易十四的孿生兄弟。無論如何，文學家的創作浪漫而神祕，但鐵面人的身分始終成謎。

路易十四出生時，法國剛剛結束「三十年戰爭」（Thirty Years' War），天主教國家與新教國家的衝突暫時解除，政局稍微趨於穩定。然而接下來的，卻是巴黎內部的動亂，主要是因為反抗攝政的紅衣主教馬薩林（Mazarin）諸多政策不當，於是以巴黎為首的投石黨人，群起而抗爭，形成了的投石黨事件（Fronde，1648-1653），造成了巴黎的極大混亂。此時期年幼的路易十四，國政都交由的紅衣主教馬薩林處置，但在暴亂的事件中，年幼的路易被迫兩次逃出巴黎，心裡受到極大的恐懼與震撼，因此對巴黎留下非常負面的印象。於是，當1661年二十四歲的路易十四親政之後，開始強調君權神授、絕對君主制，嚴格控制貴族勢力的擴張，更規劃興建凡爾賽宮（Palace of Versailles），作為新的政治與藝術中心，藉以遠離巴黎。

以絕對君權作為王國統治的中心思想，可以從路易十四肖像畫的呈現，看出他所想表現的形象塑造。擅長宮廷人物肖像畫的亞森特·里戈（Hyacinthe Rigaud，1659-1743），於1701年的油畫作品：〈路易十四肖像〉（Portrait of Louis XIV），表現了穿著加冕袍服的路易十四，袍服繡有法蘭克王國皇室紋章的藍底金百合（或稱為：鳶尾花Iris），而盾徽的金百合紋章，具有神聖、純潔的宗教精神，強調上帝所賜之禮，體現君權神授思想。腰間則配戴加冕的寶劍「查理大帝寶劍」（Joyeuse，歡樂之劍），手握權杖，旁邊放置著王冠，都象徵法蘭克王國的傳承，並掌握著絕對至上的王權。背後柱子上畫有羅馬神話正義女神朱斯提提亞

（Justitia）的圖像，象徵國王擁有司法權力的意涵。關於正義女神的形象，通常是一手持天平、一手持寶劍，而且是緊閉雙眼或眼睛蒙著布條。天平與寶劍，代表公正與權威；閉眼與蒙眼，則是要用心靈觀察事物本質，而不受眼睛表像的誤導，並且不受任何誘惑、威脅，賦予公正無私的審判。但在此處的畫像，則可能爲了畫面的協調，並未呈現蒙眼的形象。

　　另外，里戈〈路易十四肖像〉，也呈現出路易十四獨特的藝術美感，除了頭戴假髮之外，還有穿著白色絲襪，與紅色高跟鞋，以左腳前踏的姿態，表現出幽雅高挑的形象，都是路易十四個人的品味與形象，同時還引領當時歐洲貴族的時尚潮流。

　　英國維多利亞時代的著名小說家薩克雷（William Makepeace Thackeray，1811-1863）曾評論路易十四的肖像畫：「人們一眼即看出，國王的威嚴是由假髮、高跟鞋和皇袍包裝成的。理髮師與製鞋匠亦如此這般地，造就了我們所頂禮膜拜的神靈。」說明了路易十四善於利用各種形式、工具，塑造自我的絕對君權與君王形象。

二、藝術與科學的多元喜好

　　路易十四對於藝術與科學的多元喜好，主要是受到法國王室對藝術喜好的傳統與影響。早在法蘭西斯一世（Francois I，1494-1547）時期，即延攬達文西（Leonardo da Vinci）等藝術大師，到法國宮廷創作。特別是亨利四世（Henri IV，1553-1610），即路易十四的祖父，更擴建羅浮宮（Musée du Louvre），並延攬著名的藝術家，將羅浮宮內的空間，作爲大、小畫廊，以提供藝術創作的工坊。而亨利四世的王后：瑪麗・梅迪奇（Maria de'Medici，1575-1642），也就是路易十四的祖母，更是出身義大利佛羅倫斯的豪門梅迪奇家族（Medici），熱衷藝術與時尚，欣賞並重用當時巴洛克畫派著名畫家魯本斯（Peter Paul Rubens，1577-1640），繪製一系列神話題材的肖像畫，即「瑪麗・梅迪奇的生平」爲主題的二十四幅作品，採用神話融合浪漫主義的手法，將人物呈現在神奇虛幻的敘述場

景之中，藉以頌讚榮耀當事者。這些法國王室對藝術欣賞的氛圍，沉浸並影響了路易十四的價值觀，以及日後對藝術的喜愛、推廣，甚至運用在政治宣傳與自我形象塑造。

　　路易十四曾參與藝術演出和設計，大量收購藝術品，增加羅浮宮（Musée du Louvre）藝術作品收藏數量，也創辦繪畫與雕刻學院、科學院等，招攬並培育許多科學與藝術人才，主導當時歐洲藝術和時尚潮流。1666年，路易十四設立在羅馬的法蘭西皇家學院，設立羅馬大獎（Le prix de Rome），選拔優秀的法國藝術家，以公費的方式前往義大利，學習古典與文藝復興時代以來，各類古典大師作品。為了鼓勵藝術人才朝國家制定的方向創作，法國王室還主辦各類官方畫展、展覽，成為藝術權威的象徵，路易十四同時也開放部分的王室收藏品給民眾參觀，提升民眾對藝術的欣賞品味與鑑賞能力。

　　由於路易十四在十五歲時，曾演出宮廷芭蕾舞劇《夜之舞》（Ballet Royal de la Nuit）中的太陽神，因此對於戲劇與芭蕾舞劇，十分喜愛，甚至自己直接參與芭蕾舞藝術創作，並於凡爾賽宮演出。另外，路易十四也大量收購藝術品，增加羅浮宮（Musée du Louvre）收藏數量，又在凡爾賽宮完成後，將繪畫雕塑學院、科學院陸續遷入，使凡爾賽宮不只成為新的政治中心，也成為歐洲藝術文化與時尚潮流的重鎮。

　　在戲劇方面，王室著名的宮廷戲劇大師，有：盧利（Jean-Baptiste Lully，1632-1687）、莫里艾（Jean-Baptiste Moliere，1622-1673）等。盧利受到路易十四青睞，擔任巴黎歌劇樂長、法國王室樂正，其歌劇的題材多取自於希臘神話，表現愛情和奇遇為主，反映路易十四時代君權至上的精神，並宣揚朗誦國王的偉大事蹟。盧利在歌劇中加入芭蕾舞與合唱，以舞蹈吸引觀眾的注意力，進而開創了法國歌劇的新風格。

　　莫里艾則擅長以喜劇、諷刺劇作為戲劇表現，並與盧利合作，開創了「喜劇芭蕾」的形式，將芭蕾舞大量運用在歌劇，使喜劇芭蕾的輕快節奏，取代了緩慢莊重的舞曲，讓宮廷舞蹈產生新的改變與革命。由於受到

路易十四欣賞，王室給予莫里艾的劇團，享有皇家退休金的特權，因此被當時稱爲「皇家劇團」。此外，路易十四與與莫里艾交情深厚，曾擔任其長子的教父，在莫里艾死後，還特地爲他建立法國喜劇院，持續培養戲劇創作的藝術家。

在繪畫藝術方面，著名的宮廷藝術家有：夏爾・勒布倫（Charles Le Brun，1619-1690）、皮埃爾・米尼亞爾（Pierre Mignard，1612-1695）、亞森特・里戈（Hyacinthe Rigaud，1659-1743）等。而勒布倫是一位著名的女性皇室畫家，深受路易十四欣賞，曾爲凡爾賽宮、羅浮宮繪製大量的壁畫和天頂畫，也爲路易十四創作大量作品與肖像畫，更擔任皇家繪畫雕塑學院院長，爲學院確立嚴格的藝術準則，使培育未來的藝術人才，奠定厚實基礎。

在藝術品味與欣賞方面，路易十四對於服裝要求具有獨特看法，他認爲穿著華麗衣飾的服飾表現，是爲了給貴族與人民塑造一種偉大、莊嚴的皇室形象，就如同當時學者孟德斯鳩（Montesquieu，1689-1755）所說：「國王身上的氣勢與光芒，是他們權力的一部分。」所以常與裁縫師討論服裝觀點，並製作設計新樣式的服裝。

此外，也注重修長服裝，鮮豔或灰、白的色調，喜歡戴假髮、白粉化妝、擦香水、穿白色絲襪、高跟鞋等。由於路易十四個子不算高挑，所以穿著時偏愛戴上假髮、穿高跟鞋，如此身形看起來較爲雄偉、高大氣派。而戴假髮的好處，不僅可以避免貴族們在公眾場合的頭髮紊亂，而且還可以遮掩男性頭髮的稀疏或禿頭，於是形成法國男性貴族的流行，進而帶動歐洲戴假髮的風潮。此外，頭戴羽毛寬邊大帽子、瑰麗裝飾的長靴子，與裝飾華麗的排扣、大衣袖的蕾絲等，展現出特有的男性貴族時尚。至於高跟鞋，除了使身形高挑好看，更顯示自己的高人一等，而路易十四更偏好紅色高跟鞋，或是高跟鞋繫上大型蝴蝶結、緞帶，以表示自己的身分尊貴與氣派，於是「紅色高跟鞋」（talon rouges）逐漸成爲十七世紀法國貴族的身分象徵，並且影響全歐洲。

　　除了衣服穿著之外，路易十四更將其造型與穿著行為更加繁瑣、複雜化，甚至成為一種象徵的儀式，於是衣著不再只是炫耀身分、財富的工具，更是國王賞賜的手段。特別是「起床儀式」，包括晨起（lever）、就寢（coucher）與進餐（couvert）等行為，都予以儀式化，同時更是精緻的規劃細節，僅允許少數貴族觀看，並依照地位高低排隊，等待召喚，然後進入臥室，隔著欄杆，恭敬參觀國王如何梳洗、如何穿衣。路易十四將每天的起床穿衣、脫衣就寢，安排成禮儀與儀式，並且召見、恩賜給不同等級的貴族觀看，都具有高度儀式化的展現，刻意營造貴族在國王心中恩寵的地位，再賦予權力與地位。藉由尊榮地位的表演、展示與建立，路易十四帶動了特有的貴族男性美學，與藝術美學品味，也成為當時歐洲貴族爭相追求、模仿的目標。

三、全方位的形象塑造

　　路易十四在年輕時，曾演出希臘神話的太陽神阿波羅角色，因此對阿波羅極為青睞，至1678年法荷戰爭的勝利，強渡萊茵河，重創荷蘭，而建立歐洲霸權地位之後，就自稱為「太陽王」，此後大量的官方宣傳、藝術創作等，路易十四都以太陽王的形象自居。

　　為了強化並塑造自己的形象，路易十四採用大量媒介、圖像等，各種方式進行宣傳：

㈠藝術作品：利用雕像與油畫等創作方式，數目約三百多件、另有版畫
　七百多件。

㈡紀念幣：利用機械化複製，影響傳播率，鑄造紀念幣三百多枚，以及
　金質紀念章、銀質紀念章等。紀念章常以太陽神阿波羅姿態出現，駕
　著太陽戰車，有著將陽光照耀世界每個角落的寓意。

㈢演講、布道文、題銘、頌詩、公報等官方文字宣傳。

㈣戲劇、舞蹈等動態表演，或於宮殿內外展示。

　　對於油畫、版畫、雕塑等藝術作品，用以宣傳自我的方式，路易十四

偏好以希臘羅馬神話形式的寓言描繪，以及歷代君王的事蹟，以壯麗、輝煌、榮耀來彰顯自我的形象。關於希臘羅馬神話式的寓言描繪，路易十四最喜愛以阿波羅、宙斯的角色出現，尤其是太陽神阿波羅的形象，更充斥在各類的藝術作品之中。

　　以歷代君王事蹟的表現方式，常以亞歷山大大帝、羅馬皇帝等姿態的出現。勒布倫於1665年的油畫作品：〈波斯皇后伏於亞歷山大腳下〉（The Queens of Persia at the feet of Alexander），雖是描繪亞歷山大（Alexander the Great，356 B.C.-323 B.C.）擊敗波斯的大流士三世（Darius III，380 B.C.-330 B.C.），使波斯人臣服的歷史故事，卻刻意將亞歷山大畫成路易十四的容貌，且身著閃耀的黃金盔甲，用以比擬路易十四的偉大，功勳卓越；而後方則是親弟奧爾良公爵菲利普一世（Philippe de France, Duke of Orléans，1640-1701）。同年，勒布倫還創作了類似風格與題材的作品：〈亞歷山大進入巴比倫〉（Entry of Alexander into Babylon），敘述亞歷山大擊潰波斯軍隊，凱旋進入巴比倫城，也是將亞歷山大畫成路易十四的容貌，藉由頌讚亞歷山大的功業，襯托出路易十四的偉大，其手法如出一轍。

　　此外，1685年製作的路易十四青銅塑像作品，則是將路易十四以古羅馬皇帝的造型呈現，採古羅馬皇帝裝束，身穿盔甲，披著束腰外衣，右肩以扣鉤連接，並有太陽圖案的裝飾。這些都是藉由歷史故事之中，偉大的君王事蹟，比擬路易十四，宣揚其偉大與神聖的形象。

　　此外，政治、軍事或宗教等重大政策與事件，更是形象塑造與宣傳的最佳表現。1672年路易十四發動法荷戰爭，率軍渡過萊茵河，重創荷蘭，被荷蘭稱為「災難年」，使路易十四名震全歐洲，打響「太陽王」的稱號。而畫家亞當・弗朗斯・范德穆倫（Adam Frans Van Der Meulen）在1672年的作品：〈路易十四渡過萊茵河〉（Louis XIV passing the Rhine），描繪路易十四騎著白色駿馬指揮，率軍渡過萊茵河，遠方則是士兵、砲兵激烈作戰，展顯出英勇的表現。

　　對於路易十四的政績宣揚，一些作品還融合了神話式的元素，在畫面加上諸神的祝福與讚揚，例如畫家科佩爾（Antoine Coypel）於1710年繪製的〈路易十四的光輝〉（Allegorie a la Gloire de Louis XIV），描寫路易十四擊敗神聖羅馬帝國、西班牙與荷蘭聯軍，簽訂了《雷根斯堡停戰協定》（Truce of Regensburg）。畫面中路易十四坐在中間高聳的王座上，身著古羅馬皇帝服飾，面帶勝利的表情，周圍被眾多諸神和天使簇擁，包括勝利女神的武器、快樂女神的手杖、光榮女神的加冕、名譽之神的號角等，高臺下無精打采的獅子，與垂頭喪氣的鷹，代表被征服敵方，旁邊更有面帶恐懼的男子，仰望著偉大的征服者。

　　有關宗教政策的重大事件，莫過於《楓丹白露敕令》（Edict of Fontainebleau）的發布。路易十四的祖父亨利四世（Henri IV，1553-1610），曾於1598年發布對新教寬容的《南特敕令》（Édit de Nantes），准許法國境內的新教徒，享有信仰自由，以及與公民同等的權利。但路易十四認為，要獲得君主絕對的權力，必須先完成宗教信仰的統一，於是1685年發布《楓丹白露敕令》，推翻祖父的《南特敕令》，要求所有新教徒必須改信天主教，否則離開法國，此舉導致了將近二十萬的新教徒被迫離開法國。而路易十四也因為此舉，受到天主教教會的支持與愛戴，於是在藝術繪畫作品中，都將路易十四描寫成天主教教會保護者、踐踏異教徒等形象。

　　湯瑪斯‧戈貝爾（1638-1708）於1692年製作大理石作品：〈路易十四征服異教徒〉，即是讚揚路易十四撤銷《南特敕令》，使法蘭西成為虔誠純一的天主教國家。雕塑展現了身穿羅馬皇帝服裝的路易十四，英姿挺拔的站立，並將右手放在象徵權力的柱子，柱子上擺放著正統的天主教經典。同時，腳下踩著一位異教徒，而異教徒的口中，以及所持的書籍，都鑽出毒蛇，寓意這些都是有害宗教的異端思想。

　　由於路易十四的權威與形象，不斷的擴張與美化，最終接近於神聖化。畫家儒弗內（Jean Jouvenet），在其油畫作品：〈路易十四觸摸病

人〉（Louis XIV touching the scrofulous），將當時社會上相信「國王觸摸你，上帝治療你」的觀念，藉由國王對病患的觸摸，可以產生奇蹟般地治癒皮膚病（scrofula）。因此，國王接觸的治療能力，對於路易十四的神聖性是一種象徵，路易十四在位期間以此觸摸數千人，藉以展現國王所擁有的神蹟。

凡爾賽宮（Palace of Versailles）的興建，更是公開展示路易十四權威的最佳場所，由於1648-1653年之間，巴黎發生兩次大規模的投石黨（Fronde）叛亂，路易十四決定將王室宮廷遷出巴黎。1682年5月正式宣布將宮廷從遷往凡爾賽宮，成爲實際上的法國首都，全盛時期凡爾賽宮居住的貴族、貴婦、主教與侍從達3.6萬人，駐紮的衛隊與士兵達1.4萬人。

凡爾賽宮以路易十四臥室，作爲宮殿的中心，東、西各爲明鏡大廳、中央庭院，房間彼此通連，採公開開放的形式，宮廷隨時充滿朝臣、貴族、演員、僕役等，即使是市民，皆可進入宮殿瞻仰國王的尊榮，甚至還編纂參觀指南的手冊，提供方便導覽。路易十四的目的，是希望藉由宮廷與莊園的富麗堂皇，以及瞻仰國王畫像的尊榮，使貴族與民眾產生崇敬和敬畏。

四、國家政策與藝術創作

從1648年路易十四成立法國皇家繪畫雕塑學院以來，開始提供學院各種經費，提供藝術家創作與教學場所，使藝術家擺脫許多行會的限制，得以專心從事創作活動，學院成員通常以宮廷藝術家爲主，並授予優厚年金、榮譽、爵位，同時可以委託承擔路易十四的御容製作。而國家的贊助與藝文政策，其目的都在於滿足塑造國王與國家形象需求。

當時，法國宮廷著名藝術家有：夏爾・勒布倫（Charles Le Brun）、皮埃爾・米尼亞爾（Pierre Mignard）、亞森特・里戈（Hyacinthe Rigaud）等人，藉由國家的獎勵與贊助將藝術家個人的藝術創作活動，提升爲國家事業。誠如人類學家葛茲（Clifford Geertz，1926-2006）認爲的

「劇場國家」（theatre state）概念，也就是路易十四透過藝術文化的表現將這個社會與國家，當作一個舞臺，展現許多重要而偉大的自我表演。

　　法國皇家繪畫雕塑學院的主要功能，是以競賽、委託等方式，鼓勵藝術家製作歌頌帝王作品，競賽與委託的主題，大多是呈現國王的文治、武功、影響等各類事蹟，例如「國王的文治武功」、「路易十四給歐洲帶來和平」等競賽主題，其他創作題材多以歷史畫、肖像畫、風景畫為主。待藝術作品完成之後，再採用大量複製，贈送給歐洲王室貴族，達到宣傳的作用。

　　為了增加藝術的宣傳功能，法國皇家繪畫雕塑學院還結合戈布蘭（Gobelins）掛毯織造廠等機構，用以製造掛毯，以實用特性結合藝術宣傳。歐洲掛毯工藝（Tapiserie），在文藝復興時期已出現不少的作品，法國國王亨利四世時期的王后瑪麗・梅迪奇，曾特別邀請法蘭德斯的掛毯織工，在戈布蘭染坊租用廠房，專為皇室製作掛毯。至路易十四時期，在財政大臣柯爾貝（Jean-Baptiste Colbert，1619-1683）的政策下，更擴大規模，用以製造兼具藝術、政治與實用功能，皇室專用的掛毯。

　　這些用於覆蓋牆壁，家具或地板的編織掛毯，主要是提供王室與貴族等家具之用，採用羊毛、絲綢與鍍金的金屬線，混合編織製作成外型華麗且高貴的掛毯。大型掛毯製作工序，十分繁瑣嚴謹，需要許多熟練的織工共同完成，不僅是勞動密集的工藝，更需要耗費數年時間的製作，有時高達三公尺，且色彩鮮豔精緻、視覺宏偉壯觀的巨型掛毯，已經成為法國王室精緻工藝的象徵，同時也是路易十四彰顯權力的媒介。而繪畫作品再結合掛毯編織，更有利於日常使用的禮物餽贈與地位展示。

　　以1667年10月的《路易十四視察戈布蘭工藝廠》巨型掛毯（Louis XIV visiting the Gobelins factory）而言，先由勒布倫設計掛毯草稿，然後再由織工編織完成。掛毯畫面的左側，身穿紅色禮服的路易十四由兩個隨從陪同，聆聽財政大臣柯爾貝（Jean-Baptiste Colbert）說明工藝廠的運作情況。畫面的中央，工人們忙著搬出最好的成品向國王展示，包括鑲嵌彩

色圖案的桌子、雕飾華麗的大理石腳座、裝飾用的大花瓶等成品。畫面的右側，另一批工人則拿出捲成軸的掛毯，與後方工人們布置掛毯，以展示作品的成果。

此外，也可從既有的油畫作品中，以底稿直接製作成掛毯，例如勒布倫於1665年創作〈亞歷山大進入巴比倫〉（Entry of Alexander into Babylon）油畫，描寫亞歷山大擊敗波斯的大流士三世，凱旋進入巴比倫城的事蹟，藉以歌頌路易十四的偉大。除了油畫的完成，其繪畫的草稿圖，也被製作成同名的巨型掛毯。

1660年建立戈布蘭皇家掛毯織造廠以來，經過路易十四的積極提倡之下，在巴黎戈布蘭工廠，陸續擁有近兩百五十位工匠，包括織工、刺繡工、金匠、鑄造工，版畫工和染色工等，並與數百位畫家和掛毯製造商合作，為凡爾賽宮王室與貴族生產大量的掛毯。此外，財政大臣柯爾貝於1664年，又創建博韋（Beauvais）掛毯織造廠，與戈布蘭織造廠不同的是，博韋織造廠是將成品提供給私人買賣使用，戈布蘭織造廠則是提供給王室與貴族專用，其目的在於由法國國內生產掛毯，以減少進口掛毯。無論如何，藉由掛毯的編織與製作，不僅展示了裝飾的創造魅力和繁榮品味，提升了法國的織造工藝技巧，同時將藝術創作結合實用功能，更加強路易十四地位的宣傳與影響力。

五、晚年負面形象的流傳

路易十四善於運用圖像、藝術等塑造自我的完美形象，在前期執政的過程中，因為有卓越的政治、軍事等功績，所以相得益彰，更藉由時尚流行的推動，對歐洲貴族社會形成重大的影響。但由於晚年路易十四的施政不佳，加上日益奢侈驕縱的行為，引發法國社會的反對聲浪，於是反對者也以圖像做為媒介，或以虛構的事件，來傳遞國王好色、殘暴、膽小、虛榮等負面形象，這些現象也適時反映出路易十四的名聲，已經日漸低落的事實。

　　首先，是反對者對於路易十四與眾多情婦的抨擊。路易十四官方文獻提及的情婦約有七人，其身分有侍女長、主教姪女、貴族之女、侯爵夫人等，所生的私生子眾多。路易十四是第一位把情人公開化且把私生子合法化的國王。在眾多情婦之中，蒙特斯潘夫人（Madame de Montespan，1640-1707）最爲特別而重要，她出身西班牙王室貴族，美貌聰明、多才多藝，對藝術、時尚與舞蹈，都有獨特的見解，極受路易十四喜愛。1663年，她二十二歲時嫁給了蒙特斯潘侯爵，不久因婚姻不和諧，成爲路易十四的情婦，入住凡爾賽宮，所擁有的私人房間，比當時的瑪麗・特蕾莎王后還多，其中凡爾賽宮專門收藏當時價值不斐的瓷器：瓷宮（大特里亞農宮，Grand Trianon），就是專爲蒙特斯潘夫人所建造。她深受寵愛達數年，並與路易十四生了七位私生子女。

　　由於路易十四有眾多的情婦，於是反對者刻意將其描寫爲好色、虛榮的形象，或貪婪追逐，或乞求愛情，或周旋於情婦之間。畫家韋爾納（Joseph Werner，1637-1710）曾將路易十四在情婦蒙特斯潘夫人的酒宴之中，畫成半人半獸的模樣，表現出縱情聲色的粗鄙、野蠻等負面形象。

　　因路易十四晚年施政成效不佳，隨著他去世之後，影響逐漸消退。十八世紀法國洛可可畫家華鐸（Jean Antoine Watteau，1684-1721）於1712年的油畫作品：〈拉爾森畫店〉（L'Enseigne de Gersaint），則展現出當時寫實的情形。畫中的畫店牆上掛滿了許多藝術家作品，以及不少的肖像畫，許多買家環顧四周，欣賞與評論作品。畫面右側，有兩位頭戴假髮的青年，正在仔細欣賞畫作，說明當時貴族社會的藝術風尚；而畫面左側有一位員工，正在將路易十四的肖像畫，放回箱子裡，表示畫作的無人問津，旁邊的夫婦則靜默地注視，正是反映出路易十四的輝煌時代，已經悄然逝去。

六、藝術宣傳的後繼仿效者們

　　路易十四去世後，其藝術的運用手段，以及時尚、建築服飾等風格，

都被其他法國與歐洲國王所仿效。在服飾與時尚方面，路易十四服裝與審美觀念，以及假髮、絲襪、高跟鞋等，所展現的柔美貴族風格，無一不被法國與歐洲各國貴族所模仿。即使是肖像畫的穿著與站姿，都被刻意模仿，里戈於1701年的油畫作品：〈路易十四肖像〉，被法國國王的後繼者：路易十五、路易十六，以及孫子菲利普五世（Felipe V，1683-1746）等所模仿。

在建築風格方面，用以彰顯國王尊貴的凡爾賽宮，其雄偉、豪華與高貴的宮殿建築形象，深植於歐洲貴族的內心，此後陸續有各國國王、女王，皆仿效凡爾賽宮的建造，用以突顯王權的尊貴與榮耀。例如奧地利的神聖羅馬女皇瑪莉亞・特蕾莎（Maria Theresia，1717-1780）於1743年在首都維也納，仿造修建了「美泉宮」（Schloss Schönbrunn），顯示哈布斯堡王朝的貴族氣派，其宮殿的華麗程度與規模，超越其他歐洲所有的皇宮，僅次於法國的凡爾賽宮而已。

普魯士的腓特烈二世（Friedrich II，1712-1786，史稱腓特烈大帝）於1745年仿造修建了「無憂宮」（Schloss Sanssouci），爲洛可可風格式的夏日宮殿，而花園中央有蓄水池，以及大理石雕刻成的羅馬神話人物，如眾神之神朱比特、太陽神阿波羅、月神黛安娜、美神維納斯、戰神瑪爾斯等。整體建築模宏大、結構堅固，以及精緻的雕刻裝飾，都具有炫耀君王權力和榮耀的象徵。

巴伐利亞的路德維希國王（Ludwig Otto Friedrich Wilhelm，1845-1886）更於1878年在湖上的海倫島（Herreninsel，或稱紳士島），幾乎完全仿造凡爾賽宮而修建了「海倫希姆湖宮」（Schloss Herrenchiemsee）。爲了建造此宮殿，路德維希還親自實地參觀凡爾賽宮而進行詳細的研究，其奢華高貴、金碧輝煌的程度，都有大量的路易十四風格。

另一位善用藝術的政治宣傳者，則是拿破崙・波拿巴（Napoléon Bonaparte，1769-1821），也是將法蘭西共和國改爲法蘭西帝國的拿破崙一世。

　　路易十四所帶領的法國霸權，在他死後逐漸消沉，直到拿破崙的出現，法國的影響力，又再次推向歐洲高峰。拿破崙出生於科西嘉島，是義大利的貴族，後因科西嘉島被熱那亞共和國賣給法國，於是成為法國人。拿破崙擁有極高的軍事才華，在法蘭西第一共和國時期逐漸成名，之後先後率軍擊敗第一次和第二次的反法同盟，同時成功攻占義大利半島，威望卓著。1799年11月，拿破崙策畫並發動霧月政變（Brumaire coup），成為法蘭西共和國第一執政，此後修改憲法，改為終身執政。1804年11月經法國全民投票公決，法蘭西共和國改為法蘭西帝國，拿破崙於是成為法蘭西人的皇帝，稱為拿破崙一世。

　　1800年6月，拿破崙在馬倫戈戰役（Battle of Marengo），獲得了引以為傲的重要勝利，並穩固了第一執政的地位。當時，神聖羅馬帝國與英國、土耳其、俄羅斯組成第二次反法同盟，而法軍在義大利與萊茵地區，接連失利，並被奧地利軍隊圍困在熱那亞，於是拿破崙決定率軍與奧地利軍隊決戰。拿破崙採用越過阿爾卑斯山的聖伯納隘口，以奇襲的方式進入義大利北部，順利擊潰奧地利軍隊，將其逐出義大利，並迫使第二次反法同盟解散。

　　之後，拿破崙於第二次遠征義大利勝利，與西班牙國王卡洛斯四世（Carlos IV）和解，並重建外交關係，而駐西班牙大使查爾斯吉恩（Charles-Jean-Marie Alquier），代表卡洛斯四世給予由大衛（Jacques-Louis David, 1748-1825）繪製的拿破崙肖像，作為贈禮。

　　這幅肖像畫名為〈跨越阿爾卑斯山聖伯納隘道的拿破崙〉，或稱為〈拿破崙翻越阿爾卑斯山〉（Napoleon Crossing the Alps），是由著名的新古典主義畫家大衛所描繪，畫中所描寫的拿破崙形象，神情堅毅且平穩，身披紅色衣袍，手指前方，展現出驍勇威武的姿態，坐下戰馬激昂躍起，人與馬曲線剛勁，傾斜上揚，位於畫面對角線交叉的中心點。背後有法國國旗，與砲兵隊伍的前進，展現出軍隊的無畏與英勇，畫面的天候則是晴朗雪地。而在下方岩石上，依序刻著拿破崙的姓氏波拿

巴（Bonaparte）、漢尼拔（Hannibal）與查理大帝（Carolus Magnus，Charles the Great）三人的名字。漢尼拔，是北非迦太基的統帥，以翻越阿爾卑斯山奇襲擊敗羅馬而聞名。查理大帝，是法蘭克國王，後因政治才能與功績，被加冕為羅馬人的皇帝。此幅三者姓名的並列，是頌讚並比喻拿破崙在軍事才華與歷史的地位，堪與兩位歷史偉人一起永垂不朽。

　　大衛雖然是描寫歷史事件，但是未必與事實相符，充滿了濃厚的誇飾與美化，在拿破崙死後的二十七年，法國畫家保羅・德拉羅什（Paul Delaroche）還原了當時的真實歷史場景：拿破崙騎著驢、身披暗灰色風衣，神情困頓，由嚮導牽引下行走於山區，而且當時是氣候惡劣的下雪環境，與大衛作品所營造描繪的場景，差異極大。因此，大衛此幅作品，有過度美化拿破崙的現象，背後也有著對拿破崙的仰慕與認同。拿破崙對此畫極為滿意，又委託大衛再畫三個版本，分別送往巴黎、奧地利維也納，一幅是大衛自己保留，其背後除了讚揚大衛的畫技，更有政治宣傳的目的，並藉由藝術塑造自己英勇的形象，此種策略手段與路易十四實為相同。

　　路易十四採用藝術、戲劇與服裝等方法，藉由一連串不同形式的再現（representation）來展現自我形象，以達到國王的權威與神聖不可侵犯，其政治宣傳手段極為高明，因此被後世所仿效。即使到了現代，透過各種傳播媒體的行銷與推廣，都能看到兩者之間巧妙的相似之處。

參考文獻

第一章　漢代帛畫的生死世界

王煜，〈也論馬王堆漢墓帛畫─以閶闔（璧門）、天門、崑崙為中心〉，《江漢考古》，2015年3期，頁91-99。

余英時，〈中國古代死後世界觀的演變〉，收入《中國思想傳統的現代詮釋》，臺北：聯經出版事業公司，1987年。

李松長，〈馬王堆的帛書帛畫巡禮〉，《故宮文物月刊》，201期，頁98-113。

林明君，〈喪祭之禮與儒家生死觀〉，《中國文化大學中文學報》，19期，2009年，頁23-37。

蒲慕州，《墓葬與生死─中國古代宗教之省思》，臺北：聯經出版事業公司，1993年。

蕭登福，〈由漢世典籍及漢墓出土文物中看漢人的死後世界〉（上），《東方雜誌》，20卷11期，1987年，頁17-27。

蕭登福〈由漢世典籍及漢墓出土文物中看漢人的死後世界〉（下），《東方雜誌》，20卷12期，1987年，頁91-99。

第二章　竹林七賢的清談表象

王妙純，〈《世說新語》士人服飾所展現的魏晉風度〉，《臺大中文學報》，5期，2011年。

王曉毅，〈漢魏之際儒道關係與士人心態〉，《漢學研究》，15卷1期，1997年。

朱心怡，〈試論魏晉之「自然」思想〉，《逢甲人文社會學報》，4期，2002年5月。

江建俊，〈魏晉名士「裸袒褻慢」之風的多維解讀〉，《成大中文學報》，33期，2011年。

何啟民，《竹林七賢研究》，臺北：臺灣商務印書館，1966年。

沈明得，〈魏晉南北朝士人服散之風氣〉，《中興史學》，3期，1997年，頁181-208。

衛紹生，〈竹林七賢緣何游於山陽〉，《中州學刊》，2007年2期，頁151-155。

顏進雄，《六朝服食風氣與詩歌》，臺北：文津出版社，1993年。

第三章　帝王形象塑造與〈便橋會盟圖卷〉

朱振宏，〈唐太宗「渭水事件」論析〉，《興大歷史學報》，20期，2008年，頁17-49。

余輝，〈陳及之便橋會盟圖卷考辨—兼探民族學在鑒析古畫中的作用〉，《故宮博物院院刊》（北京），1997年1期，頁17-51。

宋后玲，〈唐人擊鞠文物的探討〉，《國立歷史博物館館刊》，14卷5期，2004年，頁64-81。

李樹桐，〈唐太宗渭水之恥本末考實〉，《大陸雜誌》，27卷12期，1963年，頁5-15。

湯志傑，〈文明與暴力共存的弔詭：從蹴鞠、擊鞠與捶丸的興衰管窺華夏文明的文明化歷程〉，《文化研究》，19期，2014年，頁91-152。

賴毓芝，〈圖像帝國：乾隆朝《職貢圖》的製作與帝都呈現〉，《近代史研究所集刊》，75期，2012年，頁1-76。

第四章　性別文化與流行的〈虢國夫人遊春圖〉

吳同，〈章宗題天水摹張萱虢國夫人遊春圖小考〉，《中國藝術文物討論會論文集》，臺北：國立故宮博物院，1991年，頁1-11。

巫鴻，《中國繪畫中的女性空間》，北京：生活・讀書・新知三聯書店，2019年。

李若晴，〈淺談《虢國夫人遊春圖》的主體人物〉，《新美術》，2005年4期，頁65-68。

許天治，〈感通乎？變奏乎？描摹乎？摭談「麗人行」與「虢國夫人遊春圖」〉，《故宮文物月刊》，4卷10期，1987年，頁84-94。

榮新江，〈女扮男裝—唐代前期婦女的性別意識〉，收入鄧小南主編《唐宋婦女與社會》，上海：上海辭書出版社，2003年8月，頁723-750。

薛曄，〈《虢國夫人遊春圖》與大唐天寶時期的幾種社會風尚〉，《浙江藝術職業學院學報》，2卷3期，2004年，頁99-104。

第五章　商業生活百態的〈清明上河圖〉

王正華，〈通衢車馬正喧闐：「清明上河圖」與北宋汴京的生活〉，《歷史月刊》，1期，1988年，頁65-69。

周寶珠，《清明上河圖與清明上河學》，開封：河南大學出版社，1997年。

張壂，〈從張擇端的「清明上河圖」看中國的風俗畫〉，《南陽師範學院學報》，

2012年2期，頁68-70。

童文娥，〈稿本乎！摹本乎！清院本〈清明上河圖〉的孿生兄弟〉，《故宮文物月刊》，326期，2010年，頁102-113。

趙廣超，《筆記〈清明上河圖〉》，香港：三聯書店，2010年11月。

劉銘緯、賴光邦，〈坊市革命：以前封閉型里坊、市制與城市特質〉，《國立臺灣大學建築與城鄉研究學報》，15期，1987年12月，頁41-69。

蕭瓊瑞，〈〔清明上河圖〕畫名意義的再認識〉，《成大歷史學報》，18期，1992年，頁121-151。

第六章　放榜與觀榜：科舉社會的文化圖像

似熹，〈觀榜圖〉，《故宮文物月刊》，1卷5期，1983年，頁67-76。

余英時，〈試說科舉在中國史上的功能與意義〉，《二十一世紀》，89期，2005年，頁4-18。

連啟元，〈金榜題名：仇英〈觀榜圖〉與明代考試文化〉，《藝術欣賞》，5卷2期，2009年，頁34-38。

郭玲妦，〈科舉、婚姻、人際網絡：北宋士人家族之起家與婚姻取向〉，《興大人文學報》，52期，2014年，頁253-289。

陳海茵，〈明清科舉夢兆中的「天榜」想像〉，《淡江中文學報》，42期，2020年，頁119-152。

陳貞吟，〈科舉情節在明雜劇的運用及其思想特色〉，《戲曲學報》，10期，2012年，頁177-202。

第七章　大航海時代的探索與開展

卜正民（Timothy Brook）著，黃中憲譯，《維梅爾的帽子：從一幅畫看17世紀全球貿易》，臺北：遠流出版事業股份有限公司，2009年。

李毓中，〈葡萄牙、西班牙與大航海時代〉，《歷史月刊》，197期，2004年，頁4-13。

林梅村，〈大航海時代泉州至波斯灣航線：兼論16-17世紀中國、葡萄牙、伊斯蘭世界之文化交流〉，《澳門研究》，70期，2013年，頁35-53。

張箭，〈鄭和下西洋與西葡大航海的比較研究〉，《中西文化研究》，6期，2004年，頁25-34。

傑里・布羅頓（Jerry Brotton）著，楊惠君譯，《十二幅地圖看世界史》，臺北：馬可孛羅出版社，2015年。

榮新江、黨寶海編，《馬可・波羅與10-14世紀的絲綢之路》，北京：北京大學出版社，2019年。

第八章　他者之眼：西方眼中的東方

中國歷史檔案館編，《英使馬嘎爾尼訪華檔案史料匯編》，北京：國際文化出版公司，1996年。

史景遷（Jonathan D. Spence）著，阮叔梅譯，《大汗之國：西方眼中的中國》，臺北：臺灣商務印書館，2006年。

利溫奇（Reichwein, Adolf）著，朱杰勤譯《十八世紀中國與歐洲文化的接觸》，北京：商務印書館，1991年。

袁宜萍，《十七至十八世紀歐洲的中國風設計》，北京：文物出版社，2006年5月。

張省卿，〈十七、十八世紀中國京城圖像在歐洲〉，《國立臺北藝術大學美術學報》，2期，2008年，頁67-119。

黃一農，〈龍與獅對望的世界──以馬戛爾尼使團訪華後的出版物為例〉，《故宮學術季刊》，21卷2期，2003年，頁265-297。

第九章　近代知識的圖像化與生活知識

王爾敏，〈《點石齋畫報》所展現之近代歷史脈絡〉，《畫中有話：近代中國的視覺表述與文化構圖》，臺北：中研院近代史研究所，2003年。

朱芯儀，〈窮「圖」・「體」現：以《點石齋畫報》中法戰爭與甲申政變「戰爭圖像」為例〉，《東海中文學報》，38期，2019年12月，頁147-186。

張朋園，〈評勞著「清代教育及大眾識字能力」〉，《中央研究院近代史研究所集刊》，9期，1980年，頁455-462。

陳平原、夏曉虹，《圖像晚清：點石齋畫報》，香港：中和出版，2015年。

潘元石，〈談點石齋與飛影閣石印畫報〉，《雄獅美術》，76期，1977年，頁94-98。

李康化，〈《良友畫報》及其文化效用〉，《上海交通大學學報》，2002年2期，頁99-103。

第十章　想像與觀看：早期臺灣原住民圖像

杜正勝，〈平埔族群風俗圖像資料考〉，《中央研究院歷史語言研究所集刊》，第70本2分，1999年，頁309-361。

康培德，〈「文明」與「野蠻」：荷蘭東印度公司對臺灣原住民的認知與地理印象〉，《新史學》，25卷1期，2014年，頁97-144。

程俊南，〈清代臺灣方志在社會人類學的材料：以「臺灣府志」與「諸羅縣志」有關1717年以前的平埔族風俗記錄為例〉，《臺灣風物》，49卷2期，1999年，頁65-88。

詹素娟，〈文化符碼與歷史圖像：再看《番社采風圖》〉，《古今論衡》，2期，1999年，頁2-17。

撒瑪納札（George Psalmanaazaar）著，薛絢譯：《福爾摩沙變形記》，臺北：大塊出版，2004年。

蕭瓊瑞，《島民・風俗・畫：十八世紀臺灣原住民生活圖像》，臺北：東大，2014年。

第十一章　特洛伊戰爭與諸神之戰

凡爾農（Jean-Pierre Vernant）著，馬向民譯，《宇宙、諸神、人：為你說的希臘神話》，臺北：貓頭鷹出版社，2003年。

左丹弘、王亞光，〈中西方神話傳說中的英雄形象及其文化精神〉，《瀋陽工業大學學報（社會科學版）》，8卷4期，2015年，頁376-380。

何恭上，《希臘羅馬神話》，臺北：藝術圖書，1998年。

張心龍，《神話・繪畫：希臘羅馬神話與傳說》，臺北：雄獅，2000年。

湯雄飛，〈中國神話與希臘神話中道德觀之差異〉，《中外文學》，8卷7期，1979年，頁150-173。

齊邦媛，〈中西神話中悲劇英雄的造像II：希臘神話與史詩中的悲劇英雄〉，《中外文學》，4卷3期，1975年，頁169-181。

第十二章　路易十四圖像的真實與虛構

Alexandre Maral著，鄭如芳譯，〈偉大君王路易十四〉，《故宮文物月刊》，第344期，2012年，頁12-19。

王英男，〈法國國王路易十四及其功績〉，《興大人文學報》，35期，2005年，頁729-749。

巫靜宜，〈奢華的權力：談太陽王路易十四的服裝威權〉，《故宮文物月刊》，第345期，2011年，頁86-92。

彼得・柏克（Peter Burke）著，許綬南譯，《製作路易十四》，臺北：麥田，2018年。

林美香，《身體的身體：歐洲近代早期服飾觀念史》，臺北：聯經出版事業公司，
　　2017年。

林晴羽，〈異文化初想：十八世紀法國視野的「中國式生活」〉，《文化越界》，
　　1卷12期，2014年，頁149-194。

威廉・里奇・牛頓（William-Ritchey Newton）著，曹帥譯，《大門背後：18世紀凡
　　爾賽宮廷生活與權力舞臺》，北京：聯合出版，2018年。

後記

　　本課程與主題的規劃，主要是因應教育部的通識課程改革，同時將通識課程由學年課，改爲學期課，並結合視覺圖像與歷史研究，進而規劃的通識課程內容。始於2012年9月起，於臺灣藝術大學通識中心開設此門課程，其間陸續執行教育部公民核心能力課程計畫，修正課程的內容與教學操作方式。2013年7月，通過執行「北二區區域教學資源中心」所主辦夏季學院通識教育課程計畫，於臺灣大學內開始夏季學院的課程教學。此後，教育部將之擴大爲全國型計畫的「全國大學校夏季學院」，仍持續執行夏季學院課程達數年之久。2013年10月，參與執行臺灣通識網開放式通識課程（General Education TW，GET）計畫，進行通識課程的錄製。2015年5月，則參與臺灣通識網「GET翻轉種子工作坊」，執行翻轉教學課程計畫。

　　任教於文化大學之後，隨即於通識教育中心開設此門課程，2018年4月起參與教育部的磨課師（massive open online courses, MOOCs）課程計畫，開始對遠距線上教學產生興趣，進而在2020年3月於交通大學設置的育網開放教育平臺（ewant）正式開始線上課程的授課，並設計課程影片、課後測驗、線上討論等內容，並執行暑期線上學院（Summer Online School，SOS）課程，增入線上直播討論課程。2021年3月參與教育部臺灣教學資源平臺計畫（Taiwan Teaching Resource Center，TTRC）的雲端學院計畫。

　　在錄製線上課程內容時，由於影音串流的限制，需將2小時的課程內容，分爲6-7段以上的影片，每段影片約15-20分鐘。爲此必須將原本在教學現場所講授的內容，進行大幅度的重新安排、整理，並採用區分章節的方式，結合類似電影分鏡腳本的概念，以便錄製課程影片。此種錄製方

式，勢必將授課內容重新規劃，其實不亞於學術論文的撰寫，必須有章節、項目的內容安排，因此有了動筆編寫教材的想法。

　　課程從開始規劃之初，除此書內容的十二主題之外，另有：「赤壁賦圖」的演變、宴樂假象的〈韓熙載夜宴圖〉、明清旅遊文化的風尚、品茶圖與傳統士人的休閒、從臺展三少年談藝術與社會文化、貨幣圖像與社會流通、亞歷山大圖像與流變等數種主題，皆隨著每年的課程設計與個人喜好，或多有增減、變動，最後選出比較具有代表性的內容，編寫成教材。從課程最初的規劃設計，以及近來的遠距線上課程錄製，到撰寫教材的嘗試，持續將近十年之久，其中著實耗費不少心力，如今撰寫教材的呈現，雖不敢謂殫精竭慮，卻可視為「十年磨一劍」的教學心得總結。

2022年9月 記於華岡滄浪齋

Note

Note

Note

國家圖書館出版品預行編目資料

圖像中的權力、藝術與文化/連啟元著. －－
初版. －－臺北市：五南圖書出版股份有限
公司, 2024.10
面; 公分
ISBN 978-626-366-989-5 (平裝)

1.史學 2.史學方法 3.圖像學

603.1 113000293

1WBD

圖像中的權力、藝術與文化

作　　者 ― 連啟元

企劃主編 ― 黃惠娟

責任編輯 ― 魯曉玟

封面設計 ― 封怡彤

出 版 者 ― 五南圖書出版股份有限公司

發 行 人 ― 楊榮川

總 經 理 ― 楊士清

總 編 輯 ― 楊秀麗

地　　址：106臺北市大安區和平東路二段339號4樓

電　　話：(02)2705-5066　　傳　　真：(02)2706-6100

網　　址：https://www.wunan.com.tw

電子郵件：wunan@wunan.com.tw

劃撥帳號：01068953

戶　　名：五南圖書出版股份有限公司

法律顧問　林勝安律師

出版日期　2024年10月初版一刷

定　　價　新臺幣330元

經典永恆・名著常在

五十週年的獻禮 —— 經典名著文庫

五南，五十年了，半個世紀，人生旅程的一大半，走過來了。

思索著，邁向百年的未來歷程，能為知識界、文化學術界作些什麼？

在速食文化的生態下，有什麼值得讓人雋永品味的？

歷代經典・當今名著，經過時間的洗禮，千錘百鍊，流傳至今，光芒耀人；

不僅使我們能領悟前人的智慧，同時也增深加廣我們思考的深度與視野。

我們決心投入巨資，有計畫的系統梳選，成立「經典名著文庫」，

希望收入古今中外思想性的、充滿睿智與獨見的經典、名著。

這是一項理想性的、永續性的巨大出版工程。

不在意讀者的眾寡，只考慮它的學術價值，力求完整展現先哲思想的軌跡；

為知識界開啟一片智慧之窗，營造一座百花綻放的世界文明公園，

任君遨遊、取菁吸蜜、嘉惠學子！